JN036904

誰でも身につく

昇任試験
面接の合格術

第1次改訂版

地方公務員昇任試験問題研究会 [著]

学陽書房

第1次改訂版刊行にあたって

昇任試験の面接受験者のために、これまで以上に面接のリアル感をお伝えすることはできないだろうか——。このような思いから、本書を刊行したのは平成26年のことです。

本書は、これまで自治体の昇任試験における面接試験の面接官を行ってきた経験をもとに、面接のポイントや対策をまとめたものです。おかげさまで、本書は多くの受験者に活用していただき、「実際にこの本から出題された」「面接官の視点がわかった」などのお声も頂戴しました。そして、ありがたいことに、以来6年にわたり版を重ねてきました。

しかし、初版発行時から自治体をめぐる環境は大きく変わり、実際の面接試験にも変化が生じてきました。例えば、残業時間の上限規制が設けられるなどの働き方改革、ハラスメント防止対策、メンタルヘルスの強化、ICTの推進など、職員を取り巻く環境は大きく変化しました。また、新型コロナウイルス感染症の影響に伴い、これまでほとんど論じられることがなかった在宅勤務なども注目されるようになりました。

さらに、全国的な人材不足の影響もあり、若手公務員の育成は、どの自治体にとっても、これまで以上に重要なテーマになってきました。

係長・管理職を目指す受験者にとっては、こうした時代の変化に的確に対応することが求められているのは言うまでもありません。そして、こうした課題が面接で問われることも多くなってきたのも事実です。

そこで、内容を見直し、第1次改訂版として発刊することとしました。

先に挙げた環境の変化を受け、新規項目として、「私的なサイト閲覧」「SNSへの業務内容の掲載」「働き方改革」「在宅勤務制度」等を盛り込んでいます。また、最近の若い職員は傷つきやすいこともあり、係長・課長とも部下指導が大変になっています。部下指導について面接で問われることが増えていることを鑑み、「指示に従わない部下」「困難な業務を避ける職員」「職員同士のトラブル」といった項目も追加しました。

なお、本書の特長は、次の３点です。

1　面接で頻出の事例問題を多数掲載

「このような困難な事例に遭遇したとき、あなたは係長や課長として
どのように対応しますか」という事例問題は多くの自治体で出題されて
います。この問題を多数掲載し、実際に係長や課長としてどのような点
に注意したらよいのかを整理しています。

2　昇任試験ならではの面接試験の注意点を解説

昇任試験の面接を受ける場合、採用試験を受ける場合とは異なり、受
験者はすでに自治体職員としての経験を積んでいます。ですから、理想
論あるいは本音ばかりを述べても、説得力ある回答とはなりません。こ
うした背景を踏まえて、どのように回答すべきか、昇任試験における回
答の注意点を解説しています。

3　係長や課長としての視点を解説

昇任試験は係長や課長になる者を選ぶのですから、受験者にはそうし
た役職への視点や意識を持っていることが求められます。事例問題であ
れ、一般的な質問であれ、自分が昇任したつもりで回答することが重要
です。どのような点に注意して答えるべきか、係長や課長としての視点
を解説しています。

昇任試験の受験者は、まだ係長や課長の立場にはなっていないため、
面接対策では、あくまで「自分だったらどうするか」と想像し、考える
しかありません。しかし、その訓練は面接試験だけではなく、実際に昇
任してからも必ず役立ちます。本書が、皆さんが係長や課長として活躍
するための一助になれば幸いです。

令和２年９月

著　者

目　次

第1章　基本的な質問への「悪い回答」「良い回答」

第2章　係長試験の面接問答例30

第4章　面接官が見る10のポイント

第5章　合格面接の鉄則10か条

基本的な質問への「悪い回答」「良い回答」

　昇任試験の面接では、志望動機、これまで苦労したこと、職場の課題など、どこの自治体でも必ず聞かれる基本的な質問があります。本章では、10の質問を取り上げ、「悪い例」「良い例」を示し、的確な答え方を解説します。

① なぜ係長（課長）に なりたいのですか

志望理由は、何のために係長や課長になるのか、具体的に答えられるようにしておくことが大切です。

◆表面的な回答や理想論はNG

どこの自治体の昇任試験でも、必ず聞かれるのが志望理由です。

「なぜ係長になりたいのか」あるいは「管理職への志望理由を答えなさい」などの質問は、昇任試験面接の基本中の基本であり、この質問にきちんと答えられないと、面接の冒頭でつまづいてしまいます。しかし、この志望理由を苦手とする受験者が実は少なくありません。

典型的なダメな例は、取り繕った表面的な回答や、理想論だけを述べる回答です。また、「他の同期が係長試験を受験しているので、自分も受験しました」など、昇任試験の面接にはふさわしくない「本音」を言ってしまう受験者もいます。

◆尊敬できる上司はどんな人かを考える

志望理由を考える際には、上辺や理想論ではなく、素直に自分と向き合って考えることが必要です。住民のために、もう少し大きな視点から仕事をしてみたいなど、いくつか考えられると思います。しかし、思い浮かばない場合は、「これまでに出会った尊敬できる係長（課長）」や、反対に「反面教師となる係長（課長）」について考えてみると、具体的なイメージが浮かぶはずです。その係長や課長がどのように動いていたか、行動に着目し、そのとき自分はどのように感じたのか、また自分だったらどのように行動するのかを考えましょう。

✕ 悪 い 回 答

私はこれまで主任として頑張ってきましたが、職場の中で年齢も上の方になり、後輩に仕事を教える機会も増えてきました。しかし、気がつくと、同期でも何人も係長になっていますし、後輩でも係長になった人がいます。妻からも「年齢的にも、そろそろ係長になった方が良いんじゃないの」と勧められました。そこで、今回、係長試験を受験することにしました。

ここが良くない

「住民のために、今まで以上に責任のある仕事をしたいから」といった積極的な理由ではなく、「同期や後輩が係長になっているから」「妻から勧められたから」といった、消極的な理由を述べています。これでは、面接官も「何のために受験するのか」と思ってしまいます。

◯ 良 い 回 答

私はこれまでいくつかの職場を経験し、その時々、住民のために懸命に頑張ってきたつもりです。しかし、やはり一人の係員の立場でできることには限界があります。これまで以上に住民のために仕事をするためには、1つ上のステップである係長として仕事がしたいと考えました。かつて仕えていた係長は、部下の面倒をしっかり見ながらも、住民対応もすばらしい方でした。私も、そのような係長になりたいと思っています。

ここを参考にしよう

「なぜ係長になりたいのか」「どのような係長になりたいのか」が明確です。単に理想論を述べるだけでなく、かつての上司を例とすることによって、説得力のあるものとなっています。再質問でも、その上司がどのような行動をしたかを参考に答えることができます。

>>次に来る質問 昇任したら、何をしたいですか。

2 係長（課長）に必要な能力は何だと思いますか

受験者の持つ係長・課長のイメージを引き出すために聞かれる質問です。
現場感覚をもとに、具体的な回答を準備しましょう。

◆必要な能力とは？

受験者が、昇任後のポスト（役職）に対して、どのようなイメージを持っているかを確認する質問です。

「係長（課長）に必要な能力」と一口にいっても、部下を指導する力、係をまとめる力、リーダーシップ、バランス感覚、ストレスに負けないタフさなど、多種多様です。

もちろん、それらのすべてを回答する必要はありません。実際の面接では、2つか3つの能力について答えればよいでしょう。その挙げた能力について、深みのある回答をすることができるか、つまり、面接官を納得させるだけの内容があるかどうかがポイントになります。

◆現場感覚を基本に

面接官を納得させるためには、表面的・抽象的な回答ではなく、現場感覚に基づく、現実的で説得力のある回答をすることが大切です。

そのためには、単に「面接のための回答」として考えるのでなく、係長が行う業務や役割について、具体的な場面を想定し、求められる能力を考えてみることが必要です。

そして、この質問は、昇任後のポストを具体的にイメージできているかだけでなく、受験者の仕事に対するバランス感覚も見られています。偏った考えや思い込みによる回答にならないよう、気をつけましょう。

✕ 悪 い 回 答

部下への指導力が最も大切と考えます。課長は課のリーダーですので、部下を動かすことが非常に重要な役割です。しかし、最近では部下を指導できない課長が多く、組織運営上、問題が多いと考えています。また、近頃の新人職員は心の病になってしまう職員も多く、これは課長がきちんと指導していないことが原因だと考えます。以上のことから、部下への指導力が課長に最も必要な能力だと考えます。

ここが良くない

かなり強権的なイメージの回答となっています。「部下を指導できない課長が多い」「心の病になる原因は、課長の指導不足」などの認識についても、偏った考えだと感じさせます。面接官としては、この受験者を課長に昇任させて大丈夫か、不安に感じてしまいます。

○ 良 い 回 答

課長に必要な能力はいくつかあると思いますが、私は「判断力」「実行力」「メンタルタフネス」の3点が重要と考えています。判断力は、さまざまな状況を的確かつバランスよく判断する力です。実行力は、目標を実現するために、さまざまな手段・方法を行う力です。そして、メンタルタフネスは、さまざまな困難にもくじけない強さです。この3点が、課長として必要な能力だと考えます。

ここを参考にしよう

回答が明瞭で、わかりやすい内容となっています。3点を挙げることによって、課長に必要な能力をバランスよく答えており、面接官に対しても説得力のある回答となっています。

≫次に来る質問 必要な能力を身につけるためには、どうしますか。

3 係長（課長）に昇任したら、何をしたいですか

受験者にとっての「昇任したら、何をしたいか」は、面接官から見ると、「受験者は何をしてくれるのか」です。面接官の期待に応える回答を。

◆積極性・やる気を見る

　係長・課長のいずれも、「ただ上から言われた指示に従う」だけの職員では困ります。「今の行政を大きく変える！」と大上段に構える必要はありませんが、昇任後にしたいことはきちんと考えておきましょう。

　特に課長は管理職として、新規事業を立ち上げたり、既存事業をスクラップ・アンド・ビルドしたり、政策立案に関与することになります。課の方針は課長が決めるため、こうした政策判断も課長が行います。課長の役割を認識した上で、何をしたいかを考えておく必要があります。

　また、係長も同様です。係長は課長と異なり、大きな政策判断をすることはありませんが、事務改善を行ったり、係員一人ひとりの育成に努めたり、係長としての役割があります。係員をまとめる立場として、どのように役割を果たしていくのかを考えておきましょう。

◆現状の半歩先、一歩先の回答を

　この質問への回答は、実現不可能な内容では困ります。ただし、何が実際に不可能な内容であるかは、個別具体的な判断によりますので、一概に規定することは困難です。

　ただし、現場の実態をふまえない理想論や机上の空論では、面接官は受験者に疑問を抱いてしまいます。実態をふまえつつ、その半歩先、一歩先をめざす内容が望ましいでしょう。

✕ 悪 い 回 答

昇任してすぐは、まだ不慣れなことが多いことから、まずは係長のポストに慣れることが大事だと思います。初めて部下の指導を行い、係の運営を行っていきますので、プレッシャーも大きいと思います。係長というポストに慣れるのにも、多少の時間がかかると思います。このため、当初は係員の助けを借りながら、係長の職を全うできるように努めていきたいと考えております。

ここが良くない

受験者としては、本音を語ったのかもしれませんが、昇任試験の面接の回答としては消極的です。面接官としては、係長として積極的に部下を指導し、係運営を行ってほしいと思っていますから、これでは不安に感じてしまいます。

◯ 良 い 回 答

課長として、人事評価制度のさらなる活用を図りたいと考えています。少数精鋭主義が求められる現在、職員の能力を最大限発揮させることが必要です。そのためには、職員の個性に応じた指導育成が不可欠だと思います。しかし、まだ目標管理が十分に徹底していないなど、いくつか問題もあると考えており、この点を改善していきたいと考えています。

ここを参考にしよう

昇任後に実施したい内容が、非常に具体的で明瞭です。また、現在の課題についても、行政批判とならないように上手に指摘しています。この回答の後に出される再質問の内容がある程度予想できる回答となっています。再質問にもスムーズに対応できるはずです。

≫次に来る質問 それを実施するために、具体的に何をしますか。

4 どのように部下への指導を 行いますか

係長・課長それぞれの役職に応じた指導をすることが大切です。
ときには、問題のある職員への対応が求められることもあります。

◆係長＝業務が円滑に進むように指導する

係長は、係の業務が円滑に遂行するように、係員に事務を分担し、係の目標達成に努める必要があります。業務が停滞しないように、どのように係員に指導するかが問われます。

また、係員は一人ひとり異なる個性を持っていますので、「個性に応じた指導」を行うことも必要です。画一的な指導だけで、全員が納得して、業務を問題なく進められることは、ほとんどありません。各係員の思いや考えを引き出して、その上で指導することが求められます。

◆課長＝大局的な指導、係長のサポートを行う

課長の場合には、業務の円滑な進行というよりも、職員の能力開発やキャリア形成といった、より大局的な視点が求められます。例えば、将来、係長や課長として活躍してほしい職員であれば、困難な業務を担当させたり、研修に参加させたりします。その他の職員にも、本人の能力が発揮できる仕事を担当させたり、異動させたりします。

また、課長は、係長が行う職員の指導についてもフォローしたり、サポートしたりすることが必要です。係長が問題のある職員の対応に困っている場合は、係長の相談に乗ったり、課長自らが当該職員を呼び出して指導することもあります。さらに、職員と人事当局との間に入り、適切な橋渡しをすることが求められる場合もあります。

✕ 悪 い 回 答

係会を定期的に開催し、そこで部下への指導
を行っていきます。具体的には、係運営で支
障があった事例や、窓口対応の問題点などを
議題として、そこで直接係員に指導をします。
実際のミスや失敗を議論することにより、係
員への効果的な指導となりますし、係で問題
を共有することができます。これによって、
ミスを減らすことにもつながると思います。

ここが良くない

回答で述べられている、係会で
の指導も一定の効果があると思
いますが、場合によっては、ミ
スや失敗をした係員を弾劾する
場となる可能性もあります。そ
の意味では、係員への配慮につ
いてやや疑問が残ります。画一
的な指導でなく、指導方法を使
い分けることが重要です。

◯ 良 い 回 答

大事なことは、職員一人ひとりの特性を十分
把握し、それに応じて長所を伸ばすことだと
思います。私は課長として、具体的に次の3
点を行います。第一に、日々の業務や自己申
告に基づく面接などを通じて職員と十分なコ
ミュニケーションを図り、職員をよく理解す
ることです。第二に、本人の特性に応じて仕
事を任せたり、研修を薦めることです。第三
に、本人のキャリアアップにつながる異動に
尽力することです。これによって職員に応じ
た指導ができると考えます。

ここを参考にしよう

非常に具体的でわかりやすい回
答となっています。実際にどの
ように部下に指導するのかを明
確に答えており、面接官もイ
メージすることができるはずで
す。また、3点それぞれの内容
について、再質問も想定でき、
事前に対応することが可能とな
ります。

》次に来る質問〉指導がうまくいかなかったときは、どうしますか。

5 これまでの業務で苦労したことは何ですか

これまでの実績を語ってもらうことで、業務への取組み姿勢を確認する質問です。何を話すべきか、事前にしっかりと検討してください。

◆業務に対する姿勢を見る

　これまでの経験を確認しながら、業務に対する考え方や取組み姿勢を確認するための質問です。面接官もベテランですから、受験者が答えた苦労がどの程度のものかはきちんとイメージできます。さほど大したことのない内容をいくら大げさに語っても、見破られてしまいます。

　昇任試験の受験者であれば、当然、相応の経験を積んできた職員ですから、これまで何の苦労もなく仕事をしてきたということは、まずありません。住民対応や職場の事務改善、また緊急事態への対応などの経験を率直に伝えることが重要です。そして、自分の実績をアピールし、昇任への意欲を語ることにつなげましょう。

◆何をどのように語るか

　内容としては、やはりこれまで一番苦労したと思われることを素直に話すことが大切です。この質問も当然、再質問、再々質問が想定されます。苦労した内容ですから、受験者も会話に詰まることはないと思うのですが、そうした再質問等にも対応できるような内容であることが、素材選択のカギといえます。

　また、面接官が理解できるように、わかりやすく説明することも大切です。特に、受験者が専門職で、面接官が事務職のような場合には、あまり専門的な内容だと、面接官が理解することが困難な場合もありますので、注意が必要です。

✕ 悪 い 回 答

保育課にいるときに、自分の後に異動してき
た先輩が仕事をしない人で困りました。年度
当初に事務を分担したのですが、その分担
さえも行わず、他の係員でフォローをしたので
す。職場の雰囲気も悪くなり、また業務も停
滞したために、市民から苦情を言われること
もありました。自分も分担以上の業務を行っ
ており、係長に何とか対応してもらうよう話
したのですが、「彼には何を言っても無駄だ
から」と取り合ってくれませんでした。あの
ときが最も苦労しました。

ここが良くない

単に悪口になっており、「困難
にどう取り組んだのか」「その
困難から何を学んだのか」「今
後どう生かしていけるのか」が
不明です。実際に苦労したこと
かもしれませんが、面接で取り
上げる内容としては不適当です。
面接官が何の目的でこの質問を
するのかをふまえて、エピソー
ドを選択することが重要です。

◯ 良 い 回 答

福祉事務所でのケースワーカーの業務が一番
苦労しました。まだ人生経験も少ない私が、
高齢者や母子家庭などからの相談を受け、精
神的にも非常に大変でした。また、生死に関
わるような事案も多く、自分の人生観にも大
きな影響を与えたと思います。福祉事務所の
後にいくつかの職場を経験しましたが、ケー
スワーカーの経験があったからこそ、その後
の困難な住民対応などもできたと考えていま
す。

ここを参考にしよう

実際に苦労した内容だけでなく、
その経験をどのように生かすこ
とができたのかを面接官に伝え
ており、非常にわかりやすい回
答となっています。経験から何
を学んだかも、重要なポイント
です。

≫次に来る質問〉その苦労から何を学びましたか。

6 どんな自己啓発に取り組んでいますか

受験者が昇任後も成長できるかという視点からも、自己啓発に関する取組みは重要。きちんとアピールできるように準備しておきましょう。

◆日常業務以外への取組み

　係長・課長となれば、単に目の前の通常業務のことだけを考えればよいわけではありません。幅広い視点から行政を捉える必要があるため、一般職員以上に、自己啓発に努める必要があります。このため、面接でも自己啓発への取組みについてはよく聞かれます。

◆日常の行動、自分の興味から考える

　もし、「資格取得をめざしている」「専門学校に通っている」といった、具体的で自己啓発に直接関係するものがあれば、そうした回答でOKです。面接官も、受験者の姿勢を十分理解できるでしょう。

　しかし、このような自己啓発に直接関係のあるものではなくても、十分に自己啓発となりえます。具体的なものが思い浮かばない場合は、まず自分自身の行動を振り返り、自己啓発に結びつけられるものがないかを考えてみましょう。読書、新聞、専門誌、テレビ、インターネットなど、身の回りにあるものでも、自己啓発に結びつくものがあります。

　また、自分の興味・関心から考える方法もあります。例えば、まち歩きや博物館めぐりなどが好きで、週末によく訪問しているのであれば、それも自己啓発ともいえます。旅行も、他自治体の観光施策という面で考えることもできます。資格取得などだけでなく、職務との関連性から、幅広く自己啓発を捉えることが重要です。

✕ 悪 い 回 答

自己啓発と呼べるようなものは、特に何も
やっていません。毎日残業があるので、専門
学校や英会話スクールなどに通う時間がない
のです。新聞を読んだり、職場で回覧される
専門誌などを読むなど、情報収集には努めて
いるつもりなのですが……。このため、特に
自己啓発と言えるようなものは何もありませ
ん。

ここが良くない

最初から「何もやっていませ
ん」と答えることは、非常にマ
イナスのイメージを面接官に与
えます。受験者としては、本音
を語ったのかもしれませんが、
何かしら自己啓発に取り組んで
いることをアピールすることが
重要です。

◯ 良 い 回 答

特定の分野に限定せず、幅広いジャンルの読
書です。歴史小説、エッセイ、ビジネス書な
ど、いろいろな分野の本を月に2、3冊は読
んでいます。今後は部下を持つことになりま
すので、最近では、部下の指導育成に関する
本を読んでいます。先月、ある本を読み、
「上司は部下より偉いのではない、単に役割
が違うだけ」という言葉に、非常に感銘を覚
えました。

ここを参考にしよう

簡単にいうと、読書が自己啓発
ということなのですが、それが
どのくらいの程度・分量なのか、
また、それがどのように役立っ
ているのか、さらに職務との関
連性についても触れており、説
得力のある内容となっています。

次に来る質問 その自己啓発がどう役立っていると考えますか。

7 現在の市政の課題は何だと思いますか

係長や課長であれば、広く行政課題に対する認識を持っているはず。オリジナルの視点も加えて回答することが大切です。

◆どのように行政課題を見つけるか

　自分の担当業務が大きな行政課題となっていれば、それを回答できます。担当業務であれば、内容も十分把握しているはずですし、面接官がさらに突っ込んだ再質問をしてきた場合でも対応することができます。

　しかし、面接官もそのことを十分わかっていて、「あなたが担当している業務以外で、本市の重要な行政課題は何ですか」と、最初から「担当業務以外」と指定してくる場合もあります。この場合も想定した回答を準備する必要がありますが、回答の素材探しの方法は2つあります。

　1つ目は、首長の所信表明や議会の招集挨拶など、議会での発言です。議会に向けた発言は、広く行政一般を見渡し、かつ、そのときの大きな課題となっているものを取り上げています。2つ目は、予算関係資料です。新年度の予算プレス資料や広報誌などには、予算の特徴や新しい施策がまとめられています。

◆できればオリジナルな視点を加える

　なお、実際の面接では、単に発表されていることをそのまま回答するのではなく、「自分としてはどう考えるか」といったようなオリジナルの視点を加えると、より説得力が高まります。

　行政内部の職員だからこそわかる独特の視点を加えて説明すると、発表内容を単に伝えるよりも高評価となります。

✕ 悪 い 回 答

職員削減により、残業の慢性化、休職する職員の増大など、職員への負担が増えていることが最大の課題だと思います。ここ数年、職員数は減るものの業務量は増え続け、どの職場でもたいへん厳しい状況になっており、すでに限界です。職員がゆとりを持って仕事ができるように、職員数を増やしてもらいたいと思います。

ここが良くない

「職員の負担」が市政の課題という回答は、果たして適切でしょうか。この回答では、いわゆる当局批判になってしまい、昇任試験の面接の回答としては不適当です。係長や課長になりたい人が、このような回答をしていては、面接官は適格性を疑ってしまいます。

◯ 良 い 回 答

近年の景気低迷による税収の落ち込みが、本市の財政に大きな影響を与えている点が課題と考えています。これは全国的に問題となっており、本市だけの課題とは言い難いのですが、今後もさらに少子高齢社会が進む中で、増大する扶助費などに対して、どのような財政運営を行っていくかは重要だと思います。このため、効率的な行政運営が不可欠で、現在職場では事業の執行体制について総点検を実施しています。

ここを参考にしよう

市政の課題として「財政運営」という大きな事柄を指摘しつつも、最後にはきちんと自分の職場と結びつけて効果的なアピールとなっています。また、なぜそれが課題なのかという理由にも触れており、明快な回答といえます。

≫≫次に来る質問〉課題解決には何が必要だと思いますか。

8 現在の職場の課題は何ですか

係長や課長であれば、現在の職場の状況について、何か必ず課題があると感じているはず。日頃から業務改善の意識を持つことが大切です。

◆受験者の問題意識を問う

「あなたの担当している業務の内容を説明してください」と質問されることはよくあります。それに続いて聞かれるのが、この質問です。

「課題は何もありません」では、受験者の問題意識が疑われてしまいます。係長や課長に昇任しようとしているのですから、職場の課題とその対応について、監督職・管理職として的確に答える必要があります。

◆職場の課題には2種類ある

職場の課題の捉え方は、大きく2つに分類できます。1つ目は、広く行政課題として考える場合で、住民視点ともいえます。例えば、保育担当部門であれば、待機児童対策などがその一例です。「近年の待機児童の数はどのような推移なのか」「それに対して保育施設の整備状況はどのようになっているのか」、さらに「今後の展望はどうなのか」など、まさに住民目線で考えれば整理しやすいでしょう。

2つ目は、組織運営上の課題で、職員視点ともいえます。組織体制や執行上の課題、また事務改善など、1つの組織を運営するにあたっての課題です。これは、必ずしもその部署の業務内容と密接な関係があるとは限らず、どこの職場でも共通して抱える課題ともいえます。「職員の残業が慢性化している」「定例的な事務が多く、職員に改善意識が欠如している」など、日常業務の中に感じることがあるはずです。

✕ 悪い回答

現在所属する子ども福祉課の課題は、とにかく人手が足りないことです。厳しい財政状況の下、「持続可能な行財政運営」という名目で、職員定数管理計画が策定されましたが、市長は現場の実情をわかっていないと言わざるをえません。その結果として、住民へのサービスが不十分なものになってしまうこともあり、クレームが寄せられ、さらに人がいないのに仕事ばかりが増えるスパイラルに陥っていることが、最も重要な課題です。人事当局は、うちの課にもっと職員を配置すべきです。

ここが良くない

論文でも同様ですが、昇任したいと思って受験しているにもかかわらず、面接で「うちの市はなっていない」といった批判は絶対に述べてはいけません。単に行政批判をするのではなく、「これまでも○○に取り組んできたが、まだ課題が残っている」といった答え方であれば、印象は異なります。

◯ 良い回答

商工観光課の課題は、情報の共有化が図られておらず、各人の仕事にムリ・ムダ・ムラが生じていることです。現在の商工観光課は、今年4月から、商工会等関係機関・団体との連携強化に向けて、産業振興課と観光交流課を統合し、1つに統合されました。組織再編が行われて半年しか経っておらず、まだ過渡期にあるため仕方のない面もありますが、仕事の分担に偏りがあったり、1つの仕事を二人で分けて行っているものの、効率化につながっていなかったりしていることが課題です。

ここを参考にしよう

日常の業務に真摯に取り組んでいるからこそ見える職場課題を的確に述べています。また、最初に結論をすっきりと伝え、その後に具体的な背景や理由を述べており、話の流れもわかりやすく好印象です。

>>次に来る質問 その課題を解決するために、あなたはどうしますか。

9 あなたの長所・短所は 何ですか

単に受験者の人柄が知りたいのではなく、受験者が自己分析できているかどうかを知るために聞く質問です。

◆きちんと自己分析ができているか

　長所・短所の回答で大切なのは、昇任するポスト（係長や課長など）への適格性と絡めて答えることです。業務執行にあたり、自分はどんなことが得意なのか、または不得意なのかを考えてみましょう。

　例えば、対人関係のコミュニケーションが得意であれば、住民対応に生かしたり、職場内の人間関係を円滑に進めることができたり、業務執行上のメリットがあります。また、長所に関しては、これまでに職務上で生かすことができた、具体的なエピソードがあるはずです。再質問・再々質問の中では、こうしたエピソードを交え、「自分のこうした強みを生かして、係長として仕事を進めます」とアピールしましょう。

◆短所もアピール材料にする

　たとえ短所であっても、面接官を不安にさせるような回答は禁物です。自分の短所を自覚した上で、今後どのようなことに注意していくつもりなのかを明確にしておくことが大切です。

　さらに、短所は、長所の裏返しでもあります。「せっかち」であれば「作業が早い」、「大雑把」であれば「要領よくまとめることができる」、「細かいことが気になる」であれば「緻密」などともいえます。単に短所を短所で終わらせずに、反対にアピール材料に変えていくためにはどうしたらよいかという視点を持ち、回答するように心がけましょう。

✕ 悪 い 回 答

短所は非常にせっかちなところです。ダラダラした会議をしていると、どうしてもイラついてしまい、参加者を急かしてしまうことがあります。また自分の業務が滞らないように、来た仕事はなるべく速く処理するように心がけています。しかし、慌てて処理するために、漏れていることも多く、課長に注意されることがあります。

ここが良くない

短所なので、受験者としては本音を語ったと思うのですが、これでは単に「言いっぱなし」で終わってしまい、面接官も不安に感じてしまいます。その短所を十分認識した上で、今後どのように注意していこうと思っているのかなどについて言及する必要があります。

◯ 良 い 回 答

短所は非常にせっかちなところです。急いで仕事を処理することに気をとられてしまい、上司から仕事の漏れを指摘されることもあります。今後は、そうした点を改めることが自分の課題と考えています。同じ職場の方からは「いつも、てきぱきと仕事しているね」と褒めていただくこともありますので、これからは迅速かつ確実に仕事を処理していきたいと考えております。

ここを参考にしよう

短所を自覚していること、短所に対する今後の課題、そして短所を裏返して長所としてアピールしている点が上手なところです。こうした点について触れていることで、面接官は安心して短所を聞くことができます。

≫次に来る質問 長所は今後どのように職務に生かしていきますか。

⑩ あなたのストレス解消法は何ですか

重責が担えるよう、係長や課長は心身ともに健康であることが求められます。ストレスへの対処法もきちんと自覚しておくことが大事です。

◆ストレスマネジメント

　係長や課長であっても、心の病を患ってしまう職員がいます。ときには、降任を希望する職員もおり、重責を担う係長・課長だからこそ、メンタル面の備えが必要だといえます。このため、受験者が昇任してから、きちんとしたストレスマネジメントができるかどうかも、面接官は見ています。

　なお、ここではストレスの内容や種類は問いません。家に介護を要する人がいる、通勤時間が非常に長い、子どもの進路が心配など、必ずしも職務に関係なくても、ストレスの対象となります。

◆エピソードを交えて説得力を持たせる

　実際の回答としては、基本的にはどのようなストレス解消法であっても、問題ありません。もちろん「ストレスがひどいときには、記憶がなくなるまでお酒を飲みます」など、自治体職員、公務員としての資質そのものが問われるような内容であったり、反社会的な内容であったりしては困りますが、常識の範囲内であれば、その方法は問いません。

　質問の趣旨は「係長や課長として、心身の健康を維持して職務を全うできるか」ですので、自分なりのストレス解消法を、これまで実際にあったエピソードを交えて話すと、より説得力のある回答になります。もちろん、上司として部下のメンタルヘルスにも注意することも必要です。

✕ 悪 い 回 答

ストレス解消法は、特にありません。なぜなら、私はあまりストレスを感じることがありません。これまでも、どんな困難な仕事であっても、たとえ徹夜が続いても、頑張ってもやり抜いてきました。今後もどんな仕事でも積極的にこなしていき、部下を叱咤激励して職務に取り組んでいきます。

ここが良くない

この回答は、ストレスについてきちんと認識できていません。たとえ今までに大きなストレスを感じることがないとしても、今後も感じないとは限りません。また「どんな困難でも部下を叱咤激励してやらせる」などは、部下を追い込む可能性もあり、面接官を不安にさせてしまいます。

○ 良 い 回 答

歩くことです。ストレスを感じたときには、休日に長い時間、散歩をします。長い時間歩いていると、普段見ないまち並みを見たり、思わぬ店を見つけたりします。すると、「こんな場所もあるのか」と新鮮な発見や驚きがあります。また、体を動かしていると、ストレスに感じていたこともクールダウンしてきて、客観的に見つめ直すことができます。自分にとっては、歩くことが一番のストレス解消法だと思っています。

ここを参考にしよう

きちんとストレスを認識していること、またその対処法を本人が理解しており、バランスが取れていることを感じさせます。

≫次に来る質問〉部下のメンタルヘルスについてどう考えますか。

係長試験の面接問答例30

　本章では、係長試験の本番を想定した面接問答例を掲載します。面接では、受験する昇任ポスト（役職）の役割を正しく認識し、面接官からの質問に的確に答えていくことが求められます。面接官を納得させる回答のコツをつかんでください。

① 私的にサイト閲覧などを行う係員にどう対応しますか

まずは、私的なサイト閲覧などが事実であるかを確認します、事実であれば、職務専念義務やモラル維持について理解させることが重要です。

【事例】
　A主任は、現在の係に配属されて4年目である。業務に関する知識も豊富で、他の係員のサポートも行っており、課長からも信頼されている。しかし、ある日、「A主任は、業務に関係のないサイトを見ていたり、長い時間スマートフォンを操作していたりするので、係長から注意してほしい」とB主事から訴えがあった。

◆私的な行動なのか否かの判断は、意外に難しい

　現在、多くの職員がインターネットを使って業務を行っており、様々な検索などをして情報を収集しています。国政や他の自治体の動向、NPOの活動内容など広範囲で、インターネットがあるおかげで業務時間が短縮できているといっても過言ではないでしょう。また、スマートフォンについても手帳代わりにスケジュール管理や、職員間の緊急連絡として活用していることもあります。

　こうした状況があるため、実は私的な活用であるかどうかの判断は難しい面があります。しかし、この事例のように他の係員から訴えがある以上は、係長として確認して、何らかの対応をする必要があります。

　今回の事例では、主任に非がありますが、訴えた係員が誤って先のような訴えをしてくることもありますので、対応には十分気を付ける必要があります。

Q あなたがこの係の係長であれば、どのように対応しますか。

A まず、B主事が言うように、本当にA主任が業務に関係のないサイトを見ていたり、長い時間スマートフォンを操作していたりするのか、確認する必要があると思います。

Q 具体的に、どのように確認するのですか。

A A主任のいない時に、B主事以外の係員に対して、A主任にそのような行動があるのか尋ねたり、自分自身でも勤務時間中にA主任の様子を確認してみたりします。

Q その結果、実際に私的な行動が確認できたら、どうするのですか。

A A主任を会議室に呼び出して、注意します。公務員には職務専念義務があり、勤務時間中には職務に専念しなければならないことを説明します。また、そのような行動は、組織のモラル低下につながってしまい、他の係員に悪い影響を与えてしまうことも伝えて、理解してもらいます。

Q A主任から、「私的なサイトの閲覧はしていない。業務に関係するものだけしか見ていない」との訴えがあったら、どうしますか。

A 先の他の係員や自分で確認したことを、A主任に示します。確かに、サイトによっては業務との関連性は微妙なこともあり、判断が難しい面もあります。しかし、疑われるような行動は慎む必要があることを理解してもらいます。さらに、情報システム部門では、各職員の閲覧履歴が残っているので、場合によってはそれで確認することも伝えるかもしれません。

Q 係長がそのように注意することによって、課長からも信頼されているA主任のモチベーションが低下してしまいませんか。

A その可能性もあるかもしれませんが、やはり業務と私的な行動は区別して考える必要があります。A主任は、周囲からも期待されており、今回の行動がA主任にとってマイナスであることを理解してもらうことが大事だと思います。

2 指導しても成果を出せない 係員にどう対応しますか

職員本人が、成果を出せていないことについて、きちんと認識をしているか否かで対応は異なってきます。まずは、その見極めが必要です。

【事例】
　Ａは大学卒業後、市に採用され、現在２年目である。真面目な性格で、業務にも一所懸命である。しかし、Ａを指導するＢ主任とともに業務を行う場合には問題ないが、Ａ個人に業務を任せると、毎回事務の順番の間違いや確認漏れなどが発生し、業務が滞ってしまう。いつまでも成果を出せないＡにＢ主任は諦め気味だが、Ａは気にしていない様子である。

◆係員が理解できるように、個性に応じた指導を行う

　自治体は住民福祉向上のための組織ですから、その構成員である職員は目的実現に向けて努める必要があります。しかしながら、事例のように、戦力になっていない係員がいることもあります。

　係長としては、その係員が一人前の仕事ができるように、本人を育成する必要があります。その際、係員の個性を踏まえて対応することが求められ、まずは本人の話を十分聞くことが必要です。その上で、自分がやって模範を示す、本人に説明する、実際に本人にやらせる、成果を検証する、などの一連の行動をします。

　なお、どうしても同じミスを繰り返してしまう、何回言っても理解できない係員も実際にはいます。こうした場合、係員に何らかの障害があるということも少なくありませんので、課長に相談することも必要になってきます。単に「あの係員は、仕事ができないダメな職員だ」と早々に見切るのでなく、冷静な判断が求められます。

Q あなたがこの係の係長であれば、どのように対応しますか。

A まずは、B主任にAの状況を確認します。これまでAにどのような指導を行ってきたのか、またAが一人で業務を行った場合、どのようなミスが発生してしまうのかなど、具体的な状況を聞きます。

Q 確認した後は、どうするのですか。

A 話を聞いた結果、やはりAに問題がある場合はAを指導します。もし、B主任の指導方法に疑問があるような場合には、指導方法について話し合いを続けたいと思います。

Q 仮に、やはりAに問題があるようで、B主任から「何回もAに指導しても、全くスキルが身につかないで困っている」との訴えがあったら、どうしますか。

A まずは、他の係員にもAの状況について確認してみたいと思います。B主任以外の係員からも話を聞くことで、より客観的な判断ができるようになりますし、またいろいろな情報を得ることもできると思います。その上で、Aとの話し合いに臨みたいと思います。

Q Aには、どのような話をするのですか。

A まず、自分の業務についてどのように考えているのか、Aに聞いてみたいと思います。現在、Aは一人前の仕事ができていない状況ですが、A自身は気にしていない様子だとあります。このため、Aが現在の状況を理解できていない可能性もあるかもしれません。

Q 仮に、Aから「確かに仕事ができていない部分もあるが、問題があるとまでは思っていない」のような、現状を理解していないような発言があったら、どうしますか。

A B主任や他の係員から聞いたことなどを示しながら、現在の業務に支障があることを理解してもらいます。このままでは、業務が滞ってしまうため、組織の目標が達成できなくなる恐れがあり、結果として住民に迷惑をかけてしまうことを丁寧に説明していきたいと思います。

3 マンネリ化している会議を どのように活性化しますか

どうしてもマンネリ化しやすい会議を、いかに活性化するかは大事な視点です。そのためには係長のリーダーシップが求められます。

【事例】

　A係は、課の庶務担当及び出先事業所の管理を主な業務としている。毎週月曜日の朝に係会を開催することが、長年の慣例となっている。係会では、係長が口頭で、①課長からの報告事項、②今週のスケジュールを伝えた後、他の係員から何かあれば報告してもらっている。しかし、最近では係員から全く発言がなく、係会がマンネリ化・形骸化している。

◆係長がリーダーシップを発揮して、改善する

　事例のようなマンネリ化・形骸化した会議は、残念ながらよく見られます。司会が「議題1について、何か意見はありますか」と問いかけても、参加者全員が無言で、仕方なく司会者が「では、事務局提案のとおりで決定します」というようなものです。定例的な報告や内容だけだと、係員のほうも「またか…」と参加意欲は高まりません。

　しかし、だからといってこの状態を放置するのは好ましくありません。係長としてリーダーシップを発揮して、会議を活性化することが求められます。

　この場合、係員などの他の参加者が改善策を提案してくれればよいのですが、実際にはなかなかありません。このため、係長自身が発案して、いろいろと試すことも必要になってきます。具体的には、①他の参加者の発言の機会をつくる、②司会者を毎回変更する、③参加・発言しやすい日時や場所の設定、④資料の事前配付、などが考えられます。

面接問答例

Q あなたがこの係の係長であれば、どのように対応しますか。

A まずは、ざっくばらんに係員に係会についてどう考えているか聞いてみたいと思います。係長以外に全く発言がないというのは、係員が係会を有意義に感じていない証拠だと思います。このため、形式的でなく、雑談風に聞いてみたいと思います。

Q 仮に、係員から「今の係会は機能していないので、改善する必要がある」と言われたら、どうしますか。

A そのように言ってくれるのであれば、その係員に「どのように改善したらよいと思う？」と、具体的な改善策を聞いてみたいと思います。

Q 確かに、係員から具体的な改善策が出てくれば、それを反映できるかもしれません。しかし、改善の必要は感じているものの、具体的な改善策が出てこない場合はどうしますか。

A その場合は、係長である私が改善策を考えて、試してみたいと思います。

Q 具体的には、どのような改善策がありますか。

A 今は係長だけが話していますが、他の係員が話す場面をつくることが考えられます。例えば、各担当から今週のスケジュールを発表してもらえば、現在よりも詳しく伝わりますし、他の係員に協力を依頼することもできます。また、毎回、司会者を変えることも有効です。多くの係員が発言すれば、係会を活性化できると思います。

Q 他の改善策はありますか。

A 現在、月曜日の朝に開催していますが、曜日や時間を変更することも考えられます。月曜の朝は、他の部署や出先事業所などからも電話が多く、係員がその対応で係会に集中することができなくなってしまいます。さらに、今は単に口頭だけの報告となっており、聞き逃してしまう可能性があります。このため、レジュメや会議録を作成するなど目に訴える工夫もよいと思います。

4 係員と対立してしまった 場合はどう対応しますか

係運営にあたっては、係員と良好な関係を築くことが必要です。しかし、係員と対立してしまった場合には、早急な関係改善が求められます。

【事例】
　あなたは、住民票の異動などを扱うＡ課Ｂ係の係長として、この４月に着任した。３月と４月は転入・転出の届出が多く、とても忙しい。着任早々、課長から「４月末から始まる期日前投票について、応援職員の割り振りがあり、各係から２名ずつ出してほしい」と言われた。そのため、係会を開いて係員に説明したところ、係員から「係長、こんなに毎日忙しいのに、応援職員を出すことが可能だと思いますか。とても無理です」と言われてしまい、係員全員と対立関係になってしまった。

◆上からの指示をそのまま伝えるだけの係長では困る

　係長として着任した早々、ただ課長の言葉を伝えただけなのに、それが火種になって係長と係員と対立関係に陥ってしまう。係長の立場で考えれば、かわいそうな面もありますが、実際に起こりうる場面です。

　時期的に忙しい職場であるにもかかわらず、係長が係員を配慮せず、一方的に上からの指示を伝えると、係員と係長との間に大きな溝ができてしまいます。そうすると、常に両者が対立関係になってしまう職場もあり、ギスギスした雰囲気が常態化してしまいます。

　係長としては、課長などからの指示をそのまま伝えるのでなく、係員の立場になって、かみ砕いて説明することも大事なのです。また、「課長は○○と言っているが、どうだろうか」と相談を持ちかけるような姿勢も大事になります。

面接問答例

Q あなたがこの係の係長であれば、どのように対応しますか。

A まずは、本当に応援職員を出すことが可能なのか、十分に検討します。期日前投票であれば、ある程度の期間がありますので、4月末でなく、5月初旬などに時期が変更できるかもしれません。また、期日前投票が行われる期間の職場の状態について、ベテラン職員に尋ねて、本当に応援職員を出すことが不可能なのかを検証します。

Q 課長に、「うちの係では応援職員を出すことはできません」などと断らないのですか。

A 先ほど述べた時期の変更などを十分に検討した上で、どうしてもできないと判断した場合には、そのように課長に伝えることもあるかもしれません。

Q 断ったら、他の係との均衡が図れなくなりませんか。

A 確かにそうなりますが、忙しいこの時期に、実質的に応援職員を出すことは不可能ということも、実態としてあると思います。このため、他の係長にご理解いただくことも必要だと思います。

Q 仮に、5月であれば応援職員を出すことが可能と判断した場合、係員にはどのように説明するのですか。

A まずは、十分に考えずに、そのまま課長の言葉を伝えてしまったことを謝罪します。その上で、5月であれば業務が落ち着くことや、先のベテラン職員に聞いたことなどを参考にしながら、協力を求めたいと思います。

Q この事例では、係長と係員が対立関係になってしまいましたが、何が原因なのでしょうか。

A 課長の言葉をそのまま伝えてしまったことだと思います。4月に着任したばかりとはいえ、係長も忙しい職場の現状を見ているわけですから、課長の言葉をそのまま伝えるのでなく、係員に相談する必要があったと思います。

5 指示に従わない部下に どのように対応しますか

指示に従わない部下に対して、無理やり指示に従わせようと強権的に命令しては、かえって部下の反発を招いてしまうので注意が必要です。

【事例】

　A主任は経験者採用で、本年4月にBスポーツセンターに配属となり、業務にも積極的である。担当は、各種スポーツ教室の受講生募集や講師との調整、施設貸出などである。しかし、5月に入り業務に慣れた頃から、独断専行的な面が見られ始め、本来申請書を提出してもらう施設貸出を電話で受け付けたり、受講生や講師と私的な飲み会を頻繁に行ったりしている。事あるごとに係長はA主任に注意するが、改まる様子はない。

◆感情的・強権的な指導では、職員の行動は改まらない

　民間企業での職務経験があり、業務に対してもやる気があるのですが、ついつい行き過ぎてしまう職員がいます。民間企業であれば、顧客のために良かれと思った個人の行動が評価の対象となり、給与などに直接反映されることもあります。このため、そうした意識が残っている職員は、ついそうした行動をしてしまうこともあるのです。しかし、自治体という組織の視点でみれば、それは評価の対象にならず、かえって問題の行動になってしまうこともあるのです。

　そこで、上司である係長としては、注意する必要があります。ただし、「なぜ、そんなことをするのか！」と感情的になったり、「命令に従え！」と強権的になったりしても、効果的ではありません。事例であれば、A主任の民間企業での経験などを配慮しながら、説明していく必要があります。

面接問答例

Q— **あなたがこの係の係長であれば、どのように対応しますか。**

A— 早急にA主任を呼び出し、注意をします。まず、施設貸出については、申請書提出が基本です。A主任が勝手に電話で受け付けてしまえば、申請者との間で不公平が生まれてしまいます。これでは、他の職員に対して、「電話で受け付けてくれる職員もいるのに、なぜやってくれないのか」と苦情が出てしまいます。また、受講生や講師との飲み会を頻繁に行うことも、公務員としては問題があります。

Q— **仮に、A主任から「わざわざ申請書を提出して受け付けるのは、住民にとっても面倒であり、電話で受け付けたほうがサービス向上につながる」などと意見があった場合は、どうしますか。**

A— 確かに、住民へのサービス向上は重要です。しかし、そのように手続きを変えるのであれば、スポーツセンター全体で手続きを変更する必要があり、A主任が勝手に、個人的に受け付けるのは、やはり問題です。

Q— **A主任には、これまでも注意をしているようですが、改まる様子はないようです。仮に、先のようにA主任に説明しても、理解されない場合はどうしますか。**

A— 公務員の服務についても説明したいと思います。具体的には、信用失墜行為の禁止と、上司の職務上の命令に従う義務についてです。先のように、一部の住民だけを特別扱いしては、やはり他の住民から苦情が出ることは必至です。また、その点を踏まえ、係長として注意しているわけですから、上司の命令に従う必要があることを説明したいと思います。

Q— **A主任は業務にも積極的ですが、今回の注意でやる気を失ってしまいませんか。**

A— 確かにA主任は業務にも積極的ですので、その点は評価しつつ、モチベーションを下げないように配慮することが必要です。強権的な命令に聞こえないように注意したい思います。

6 困難な業務を避ける係員に どう対応しますか

いつも困難な業務を避けていると、係員本人が成長できなくなりますし、
周囲の係員の不満も高まります。早目に対応することが求められます。

【事例】
　A主任は、40代前半のベテランの女性係員である。これまでいくつか
の職場を経験してきたが、確実な仕事ぶりで周囲からの評価も悪くない。
ただ、子供が小さいこともあり、あまり残業はしない。また、自分が難し
いと感じる業務については、「この仕事は、私には難しいから」と言って、
すぐに男性係員に押し付けてしまう。このため、複数の男性係員から「A
主任は、自分ができることしかやらない」との声も出ている。

◆単に係員本人だけの問題ではなく、係運営にも影響する

　困難な業務を避ける係員は、案外多いものです。事例のようなベテラ
ン女性係員だけでなく、新人や若手職員の中にも「自分は、自分のでき
ることしかやらない」と決めつけてしまっている例もあります。

　しかし、それでは係は運営していけません。もし、すべての係員がそ
のようなことを言い出したら、係の業務は停滞してしまいます。先のよ
うな係員に対して、周囲の係員に理解があればよいのですが、そうでな
いと「難しい業務に手を出すと、自分の負担が増えるだけで損だ」とい
うように係員が損得勘定で考えてしまいます。いったん係にそのような
雰囲気が生まれてしまうと、修復するのはかなり大変です。そのために
も、早めに対応する必要があります。

　係長としては、係運営のマネジメントと、係員の能力開発の2つの視
点から対応していくことが求められます。

Q あなたがこの係の係長であれば、どのように対応しますか。

A まずは、男性係員と面談して、彼らがどのように考えているのか、また、実際にA主任からどのように仕事を押し付けられたのか、聞いてみたいと思います。複数の男性係員から不満が出ているようですので、事実を確認することが先決だと思います。

Q 男性係員にヒアリングした結果、やはり、A主任が困難な業務を避けていることが事実だったとしたら、どうしますか。

A A主任を呼び出して、話をします。男性係員から不満が出ていることを率直に話し、A主任がどのように考えているかを聞いてみたいと思います。

Q 例えば、A主任から「自分には、まだ小さい子供がいるので残業はできない。勤務時間内に仕事を終わらせるためには、困難な業務はできない」などの訴えがあったら、どうしますか。

A 困難な業務をすべて避けるのでなく、少しでもできる業務を行うように説明します。「これは難しいから、自分にはできない」と、いつも困難な業務を他に押し付けていたら、やはり周囲の係員も不公平感を覚えてしまいます。それを避けるためにも、できる部分はやる姿勢が大事だということを理解してもらいます。

Q 実際に、それは可能でしょうか。

A 例えば、係長として私がA主任をサポートしながら、業務を行わせることも1つの方法だと思います。A主任の理解度を確認しながら指導していけば、少しずつ理解も深まっていくと思います。

Q 現実に、このような係員は多いと思いますが、本人たちの意識を変えることができるでしょうか。

A 実際にやってみないとわかりません。しかし、このまま何もしないと男性係員の不満は高まり、係の運営にも影響が出てしまいます。また、A主任の今後のキャリアを考えれば、少しでも早く困難な業務にチャレンジする姿勢を身につけることが大事だと思います。

7 課内の係間で対立した場合、どのように対応しますか

係間で対立関係が生じてしまった場合、単に自分の係のことだけを主張するのでなく、課全体の視点で考えることが必要です。

【事例】

　A課には庶務係、地域係、協働係の3つの係があり、あなたは本年4月に協働係長として着任した。ある日、課長から3人の係長に、「長期計画PTに、A課からも若手職員を1人選出することになった。そこで、係長たちで話し合って、職員を決めてほしい」と指示があった。そのため、係長同士で協議したところ、他の2人の係長からは「自分の係は忙しいので、協働係から出してほしい」と言われた。しかし、「協働係の係員も皆忙しい」と伝えたところ、係間で対立してしまった。

◆広い視点で考え、係間の対立を解消する

　係間で駆け引きの対象となるものとしては、事例のようなPTメンバーの選出のほか、選挙事務や国勢調査への応援、インターンシップの受け入れ、庁内報の原稿作成、講師依頼など、いろいろあります。

　最近は、どの職員も忙しいので、職場としてはこうしたイレギュラーな業務はあまり歓迎されません。しかし、「面倒だから、引き受けない」では、係長としては近視眼的です。事例のようなPTなどは、全庁的な視点で考えれば、やはり必要な活動ですし、また職員の能力開発の面からも重要なことです。積極的に参加してくれる職員がいない場合、係長自身がその意義を説明して、職員を説得するのも大事な役割です。

　ただ、自分の係だけの視点に立つのでなく、課全体の課題として考えて、係間の対立を解消することが必要です。

面接問答例

Q あなたがこの係の係長であれば、どのように対応しますか。

A 現在、係間で対立しているため、いったんは係に帰り、係員の誰かに参加をお願いできないか、聞いてみたいと思います。もし、積極的に参加したい職員がいれば、任せたいと思います。

Q すべての係員が参加は難しいと言ったら、どうしますか。

A ただ、係員の意見をそのまま受け取るのでなく、ベテラン職員に協働係だけでなく他の係も含めて、1年の繁忙状況を聞いてみます。その上で、どうしても協働係からの参加は困難なのか、また他の係からの参加は困難なのか、などを確認します。もし、協働係から参加が可能と判断すれば、係員に参加を勧めてみます。

Q 他の係長には、どのように話すのですか。

A 先のベテラン職員から聞いた話を含め、課全体または協働係の状況について説明します。係長として協働係の係員の参加が困難と判断すれば、その旨を説明し、ご理解いただきたいと思います。

Q 他の係長は理解してくれるでしょうか。

A 理解していただけるかはわかりません。ただ、最初の話し合いで、いきなり「協働係から出してほしい」と言われるなど、やや強引な印象を受けます。このため、まず3人の係長で十分に協議して、それぞれが納得する結論を出すことが大事だと思います。

Q このようなケースでは、当事者3人で話し合っても、まとまらないこともあると思うのですが。

A 確かにあると思います。現在では職員数も限られ、一人ひとりの業務も増えています。このため、職員に余裕がある状況とは言えません。しかしながら、こうしたPTに参加することは、職員の育成にもつながりますし、長期計画など全庁的な計画を考える際には、大事なプロセスだと思いますので、十分に協議したいと思います。

Q 最終的に3人でまとまらなかったときは、どうするのですか。

A 課長に事情を説明し、判断を仰ぎたいと思います。

8 朝、頻繁に遅刻する係員に どう対応しますか

係長としては、遅刻の原因を確実に把握するとともに、周囲の係員への影響についても考える必要があります。

【事例】
　Aは大学卒業後、本年４月にB市に採用され、現在の係に配属された。当初は、上司や先輩からの指示にも素直に従い業務を行っていたが、ゴールデンウイーク直後から、朝の遅刻を繰り返すようになった。また、めっきり口数も減り、他の係員が声をかけても、うつろな返事をすることが多い。心配になった係長が「何か、あったの？」と尋ねても、「いえ、別に…」と言うだけである。最近では、業務に影響も出ている。

◆遅刻する理由を確実に把握し、原因に応じた対応をする

　朝、頻繁に遅刻を繰り返す職員は確かにいます。もともと、朝に起きられない体質で、どうしても遅刻をしてしまう。本人もその自覚があるために、朝一番には仕事を入れず、周囲もそれを理解して、年次有給休暇で処理している程度であれば、大きな問題になりません。

　しかし、事例のように、周囲に迷惑をかけ、かつ業務にも影響を与えている場合には、係長として何らかの対応が求められます。まずは、遅刻する理由を把握しなければなりません。

　遅刻の理由が、係員のメンタルに関係する場合は、課長や人事担当とも連携し、医療機関につなげることが大事になります。同時に、他の係員にも理解してもらい、本人が職場に来ることがプレッシャーにならない雰囲気づくりが求められます。単に、本人のモラルの欠如であれば、厳しく指導する必要があります。

Q あなたがこの係の係長であれば、どのように対応しますか。

A 早急にAと1対1で話す機会を設けます。Aは遅刻が増えるとともに、態度もゴールデンウイーク前から一変しており、何かあったとしか考えられません。この原因を探るためにも、まずはAと話し合います。また、同時に課長にも一報を入れます。

Q Aには、どのように話すのですか。

A 遅刻が多くなった、返事がうつろなど、態度が一変していることから、何かあったのか率直に話してほしいと言います。また、本人の状況にもよりますが、遅刻することや業務が進んでいないことは、服務上の問題であることも、本人に理解してもらいます。

Q Aが悩みや心配事を打ち明けてくれればよいのですが、心を開いてくれないことも考えられます。その際は、どうしますか。

A 課長に面談をお願いします。私と話しても一向に進展しなくても、課長と面談することで、状況は変わるかもしれません。また、面談の結果によっては、課長から人事課へ連絡してもらう必要もあると思います。

Q 最近では、事例のようにメンタルに問題を抱える職員も多いと思います。こういう職員が係から出てしまった場合、どういう点に注意が必要だと思いますか。

A 1つは、適切に医療機関につなげることです。日頃通院している病院などがない場合は、庁内の産業医と連携することも1つの方法だと思います。もう1つは、本人が職場に来やすい環境をつくることだと思います。メンタルな問題では、だんだんと職場に来にくくなってしまいます。そうすると、それがかえって負担になり、状況が悪化する可能性もあります。そうならないためにも、周囲の係員にも理解してもらうとともに、本人が気軽に連絡できるように配慮したいと思います。

職員が生き生きと働ける環境を整備することも、係長の大事な役割です。
働き方改革として、何ができるかを具体的に考えることが求められます。

【事例】

　A課管理係は、部及び課の庶務担当の係であるが、それ以外にも事業を
抱え、業務量は多い。あなたは、係長として本年4月に着任したが、4人
の係員は毎日忙しそうである。しかし、4月中旬から1人の係員が産休・
育休を取得することとなり、会計年度任用職員が1人補充された。だが、
すべての業務を担うことはできず、他の3人にも業務が割り振られた。こ
のため、係員の業務は増え、平日夜間及び土日も勤務している。しかし、
すべてを超過勤務扱いにできず、サービス残業になっている。

◆働き方改革は、残業縮減だけではない

　人口総体や生産年齢人口が減少する中で、長時間労働・残業などの日
本の慣習が生産性低下の原因になっているとして、働き方改革が求めら
れています。

　これにより、残業時間の上限規制、有給休暇取得の義務化、同一労働
同一賃金などが実施されましたが、これ以外にもメンタルヘルスの推
進、ハラスメントの防止対策なども求められています。働き方改革とい
うと残業縮減だけに注目しがちですが、係長としては、幅広く職場環境
を整備していく必要があります。また、新型コロナウイルス感染症の影
響で、在宅勤務やリモートワークも話題になっています。

　実際にどこまでできるかの問題はありますが、現場の長である係長と
しては、残業以外に幅広く視野を広げておく必要があります。

面接問答例

Q あなたがこの係の係長であれば、どのように対応しますか。

A まずは、ベテラン職員に係の状況を確認したいと思います。年度当初で忙しいということもあるかもしれませんが、職員の負担がかなり増えています。この忙しい状況が、一時的なものなのか、まだしばらく続くのかなどを確認したいと思います。

Q ベテラン職員から、「産休・育休を取得している職員がいるため、実質的に戦力ダウンとなってしまった。このままではやっていけないので、課長に人員増を要求してほしい」と言われたら、どうしますか。

A すぐに課長に人員を要求するのでなく、他の係員も含めて、何か工夫できる点はないか聞いてみたいと思います。

Q 工夫できる点とは、具体的にどのようなことですか。

A 例えば、支出の起案などの会計処理は、個別にやるよりも一括で処理したほうが時間の短縮になります。また、現在は各係員がそれぞれの仕事を抱えて大変そうですが、係内で連携すれば効率的に作業ができるかもしれません。さらに、緊急的に他の係に業務を手伝ってもらうことも考えられます。こうした工夫を行っても、まだ改善できないのであれば、人員増について課長に相談することも考えます。

Q 働き方改革が叫ばれていますが、実際には、まだこのように残業が常態化している職場もあると思います。この事例で、係長として他に注意する点は何でしょうか。

A サービス残業をなくすことと、職員のメンタルヘルスに注意することです。サービス残業は違法ですので、早急に是正する必要があります。そのためには、係長が係全体を見渡して、サービス残業をなくす取組みをすることが求められます。このようなサービス残業をなくすよう努めながら、同時に、係長が係員一人ひとりの心のケアについても、十分に注意する必要があります。

⑩ 毎日クレームを言いに来る 住民にどう対応しますか

住民対応は丁寧・迅速・正確が基本ですが、執拗なクレームで業務に支障を来たしているような場合には、警察への通報なども検討します。

【事例】

　新任の係長として、窓口業務のある係に赴任した。先週、部下の係員が住民に間違った説明をしてしまい、窓口でトラブルとなってしまった。その後、毎日のように窓口に来ては、クレームを言うようになった。この住民に対応するため、係長も含め職員全体が時間を取られることから、業務に支障をきたすようになっている。

◆基本は丁寧な住民対応だが、場合によっては警察へ連絡

　こうしたクレーマー対応は、現在、自治体職員にも求められる基本的な能力となっています。ただ、一職員として対応できるかだけではなく、組織として、係長としてどう対応するのかも重要な課題です。

　基本的には、丁寧に住民対応をして、住民に理解してもらうことが大切です。特に、このケースでは、当初に係員が間違った説明をしてしまっているため、十分に謝罪することが必要となります。係長も、間違った説明をした係員だけに対応を任せるのでなく、組織の長として謝ることも必要です。

　しかし、それでも納得してもらえない場合もあります。その際には、課長にも謝罪してもらうなどの対応が必要かもしれません。対応する係員を複数にすることにより、相手をクールダウンさせるという効果もあります。なお、住民が閉庁時刻になっても居座るなどの問題がある場合には、庁舎管理担当や警察への連絡をすることも検討すべきです。

Q あなたがこの係の係長であれば、どのように対応しますか。

A まずは、係員が間違った説明をしてしまっていますので、お詫び
し、住民の方に丁寧に説明することが重要だと思います。組織の長
である係長として、部下とともに謝ります。しかし、毎日苦情を言
いにきて、業務に支障をきたしていることは問題ですから、その点
について十分説明して理解してもらう必要があります。

Q 業務に支障があることを、どのように説明するのですか。

A 毎日に窓口に来ているということは、もはや新たな説明をして理解
を得るという段階でなく、議論が堂々めぐりになっていると思いま
す。役所として対応できることがあれば、当然対応しますが、でき
ないことはできません。「毎日来られても、不可能なことは不可能
です」と伝え、毎日係員が同じ説明に時間が取られ、業務に支障が
あることを説明します。

Q 仮にそれでも理解が得られない場合には、どうしますか。

A 課長にも相談します。

Q 課長に相談した翌日にも、また来庁したとします。閉庁時刻になっ
ても居座って窓口から動かなかったらどうしますか。

A その場合には、庁舎管理部門に連絡することや、場合によっては警
察に連絡することも検討します。

Q 間違った説明をした部下への対応はどうしますか。

A まずは、説明に間違いのないように指導します。間違った説明に
よってこのような事態になってしまったわけですから、この点を改
めてもらうことが重要です。ただ、この係員だけでなく、係全体で
業務の見直しなどをすることも重要だと思います。

Q 具体的に、どのように業務の見直しを行うのですか。

A 定期的な係会の中で業務の再確認を行ったり、業務マニュアルなど
を作成したりすることが有効だと思います。

⑪ 残業を拒む部下に どう対応しますか

そもそも残業が必要なのかどうかを精査した上で、残業が必要ならば、本人の事情も確認し、必要性を説明しましょう。

【事例】

　Aは40歳代の女性の主任である。これまで窓口勤務が多かったが、今春、内部管理部門に異動してきた。この係は慢性的に残業が多いものの、以前から在籍する職員からは特に不満は出ていなかった。Aは異動当初に「この係は残業が多いと聞いていますが、私は子育てなどの事情もあり残業はあまりできないので、配慮してほしい」と係長に訴えてきた。

◆残業の必要性とチームとしての業務

　事例を一見すると、「残業を拒絶する部下に、いかに残業させるか」のように捉えてしまいますが、そもそも、本当にその残業が必要なのか、係長として判断することが第一です。

　惰性で残業していたり、残業を前提とした業務体制になっていたりと、ダラダラと残業をさせている職場は少なくありません。係長自らが「本当に残業をなくすことはできないのか」を検証する必要があります。

　しかし、できるかぎりの事務の執行体制を見直したとしても、やはり残業せざるを得ないときもあります。その場合でも、できるだけ効率的な事務執行を心がけるのは当然として、係員に理解を求めることが必要です。強権的に係員に残業を命じるということは避ける必要があります。また、係員にもそれぞれ事情がありますから、それをよく聞くことが必要です。子育てや介護など、どうしても残業できない場合には、他の係員にも事情を伝えた上で、配慮する必要があります。

Q あなたがこの係の係長であれば、どのように対応しますか。

A まず、そもそも残業の必要性について確認する必要があると思います。慢性的な残業とありますが、それが本当に必要な残業なのか、もしくは残業することを前提とするような業務体制となっているのかを確認する必要があります。次に、その上でどうしても必要な残業であれば、係員にしっかりと説明し、理解を求めます。

Q 最初に残業の必要性について確認するということでしたが、具体的には、どのように確認するのですか。

A 方法はいくつかあると思いますが、例えば「残業が必要な業務は、スケジュール上、勤務時間外でなければ対応が困難なのか」という視点から確認します。他の業務と調整することや、事務の効率化を図ることで、勤務時間内に対応できる場合もあると思います。また、多くの係員が残業しているということであれば、時間外勤務手当も必要になりますので、費用対効果の観点から業務を委託化するという方法も考えられます。

Q 仮に、できるだけ事務の効率化を進めたとしても、どうしても残業が必要だったとします。その場合には、このAという職員にどのように説明しますか。

A やはり、業務は組織で行うものですから、係として残業が必要なことを説明し、理解を求めます。また、同時にAからもよく話を聞き、事情を把握したいと思います。

Q なぜAの話をよく聞くのですか。

A この事例では、Aは子育てなどの事情があると言っていますので、どうしても残業できない理由を抱えていることも考えられます。話をよく聞いた上で、状況に応じて配慮します。例えば「火曜日は保育園に子どもを迎えに行かなければならないので、17時半には退庁しなければならない」など、やむを得ない理由がある場合には、他の係員にも理解してもらう必要があります。

⑫ 新人職員の指導を どのように行いますか

新人職員には、早い段階から「組織人としてのルール」を教える必要があります。本人に気づきを与える指導を心がけましょう。

【事例】

　Aはこの４月に入庁し、X係に配属された。あまり明るい方ではなく、どちらかというと一人でコツコツと業務に取り組むタイプである。しかし、対人関係が苦手らしく、教えたことは理解して業務を行うものの、自分から積極的に質問をすることはない。このため、手に負えない事務などは放っておいてしまい、他の係員の業務にも支障が出ている。

◆組織人としてのルールを教える

　最近の新人職員には、対人関係のコミュニケーションが不得意な者も少なくないようです。残念ながら、職場になじめずに１年足らずで辞めてしまう職員もおり、新人教育にはどこの自治体も力を入れています。

　事例のように、教えればできるものの、手に負えない事務は放棄してしまうようでは職場運営に支障をきたします。係長としては、早目に新人職員を指導する必要があります。具体的には、「組織人としてのルール」を新人職員に教えなければなりません。

　業務は一人で行うものでなく、組織として行うものです。たとえ各職員に事務分担があったとしても、一人では完結せず、他の係員や組織に影響するものがほとんどです。「苦手だから」では済まされません。

　独りよがりの視点ではなく、組織としての視点を持たせ、職員に責任感を理解させることが必要なのです。ただし、強制的に教えるのでなく、本人に気づかせることがポイントです。

Q― あなたがこの係の係長であれば、どのように対応しますか。

A― この新人Aの「教えられたこと、理解できたことは行うものの、苦手なことはやらない」といった行動を見ると、組織人としてのルールを理解していないと考えられます。このため、仕事は自分一人で行うものでなく、組織で行うものだということを丁寧に教えることが重要だと思います。

Q― 具体的にどう教えるのですか。

A― 例えば、自分が苦手な仕事を避けていては、業務が停滞してしまいます。そうすると、自分以外の職員に迷惑がかかり、係全体に支障が出てしまいます。そうしたことを説明することが必要だと思います。

Q― 最近の新人職員には、Aのように対人関係が苦手な職員も多いようです。そのような説明をしたとしても、「自分は苦手なので、できません」と言ってきたら、どうしますか。

A― 組織人としては、本人の好き嫌いにかかわらず、やらなければならないことがあります。それが組織人としての、最低限のルールだと思います。こうしたことについて、新人職員の段階からきちんと理解させることが必要です。ただ、本人にもいろいろな思いや考えがあると思いますので、その点を聞き出し、本人の気持ちを十分汲みながら指導していきます。

Q― 実際にこのような職員がいたら、どのように指導しますか。

A― 1対1で話し合うことが有効だと思います。もしかしたら、積極的に質問しない、苦手な業務を放棄するといった行動には、何かしらの原因があったのかもしれませんので、本人の意見を聞き出すことも重要です。上から強制するのでなく、本人が気づくような指導を心がけます。

13 事業の見直しにどのように取り組みますか

不断の事業の見直しは、係長の使命。ただし、通常業務が忙しいとつい見落としてしまうので、注意が必要です。

【事例】

　X係は、地域振興を担当する係であり、例年実施している市民祭りの事務局となっている。関係団体や調整する事項も多いことから、係員も夜の会合に出席したり、町会へ説明したりと、祭りの当日までは残業が続くことも多い。しかし、課長から「議会から、市民祭りがマンネリ化しているとの意見が多い。内容を見直してくれ」と言われた。しかし、係員たちは「忙しいので、そんな余裕はない」と反発している。

◆「係員が忙しいから、見直せません」は理由にならない

　事例のような残業が多い職場では、日常的な業務に追われ、ついつい事業の見直しといった視点が欠落しがちです。しかし、忙しいからといって、事業の見直しを行わないのは本末転倒です。係長としては、「市民祭りが、本当にこのままでよいのか」を検証する必要があります。

　もちろん、検証にあたっては、いろいろな方法が考えられます。例えば、繁忙期を避けて検討する、係員が議論しやすいように係長自身が課長とすり合わせを行っておく、事前に資料を集めておく、などです。「課長命令だから、事業を見直せ！」と頭ごなしに係員に命じてしまった場合、係員からの反発は必至です。どのように係員に説明するかも、重要なポイントです。

　また、もし議会からの指摘であれば、それなりの理由があるはずですから、「いつまでに、何をするか」をまず決めておくことが必要です。

面接問答例

Q— あなたがこの係の係長であれば、どのように対応しますか。

A— まず、課長と相談し、「いつまでに見直しを行うのか」「議会からはどのような指摘をされているのか」「課長としては、どの程度の見直しを想定しているのか」など、すり合わせを行います。そこで、大まかなスケジュールを組みます。次に、その中で係長自身が事前に準備できることと、係員に相談することを区分します。この事例ではすでに当該年度の準備に入っているので、実際の見直しは来年度になると考えられます。このため、係員は市民祭りまでは忙しいのであれば、その後に相談する機会を設けるなどして工夫し、係員の意見を聞きたいと思います。

Q— 係員たちは「忙しいので、見直す余裕はない」と反発しているようですが、それに対してどのように説明するのですか。

A— 係員が忙しいからといって、それが事業の見直しを行わない理由にはなりません。その点については、係員に十分理解してもらう必要があると思います。

Q— 係員たちは、それで納得するでしょうか。

A— 最も忙しい時期に見直しをするといったら反発されると思いますが、時期を見て話をすることが必要だと思います。また、話し合いの事前資料を係長自身が収集し、話しやすい環境を整備しておきたいと思います。

Q— 課長からの指示は「事業の見直し」という漠然としたものですが、具体的にどのように見直しに着手するのですか。

A— 発端が議会からの指摘であれば、議会での意見を十分把握することが必要です。また、課長自身がどのように考えているのかもすり合わせの中で確認していきます。その他にも、当然市民アンケートや日頃の広聴活動で得た市民の意見も参考にする必要があると思います。

14 係内で情報を どのように共有しますか

業務を円滑に進めるためには、情報の共有は欠かせません。係員によって情報格差が生じないよう、係長として適切な対応が求められます。

【事例】

　Z係は窓口業務を行う市民対応の係である。特定の曜日には、夜間にも窓口を開設していることから、勤務時間も係員によって異なり、全員が一堂に会するという機会が少ない。このため、係員への伝達事項が徹底されないこともあり、一部の係員からは「伝達事項がきちんと周知されていない」との不満が出ている。

◆係員と一緒に情報共有化の制度を構築する

　勤務時間が係員ごとに異なる、いわゆる「ズレ勤」の職場では、係員によって「私は聞いていない」「知らない」といったことが起こります。こうした係員の不満は、係長への不信にもつながりますので、早目に対応することが必要です。

　仮に、そうした事態が発生した場合は、何らかの制度を導入して、情報の共有化を図る必要があります。例えば、「ホワイトボードに伝達事項を書き出す」「1冊のノートに情報をまとめ係員全員が1日1回チェックする」「パソコンで全係員周知用のフォルダを作成しておく」など、方法は職場によっていくつも考えられると思います。

　こうした制度を構築する場合には、係長だけが考えて行うのでなく、係員にも一緒になって考えてもらった方が効果的です。これは、係員自身にも「自分がこの制度構築に関わった」という参画意識を持たせることができ、他の係員への波及効果もあるからです。

面接問答例

Q あなたがこの係の係長であれば、どのように対応しますか。

A 事例では、伝達事項がきちんと周知されておらず、おそらく係員によって「聞いた」「聞いていない」という事態が発生しています。このため、全係員が情報を共有できる制度を構築することが必要だと思います。

Q 具体的には、どのような制度を構築するのですか。

A 現在の私の職場であれば、一人１台のパソコンを使用しており、職場で共有のフォルダがあります。この中に、例えば「課長会報告事項」というフォルダを作成し、必要な文書や係員に伝達する事項をまとめておきます。係員には、１日１回は必ず確認するように指示し、情報の共有化を図ります。

Q 係員は必ず確認するでしょうか。見落としてしまい、いずれは実質的に機能しなくなるということはありませんか。

A 今、パソコンによる共有化を申し上げましたが、実際にどのような制度を構築するかは、係員の意見も聞いて考えたいと思います。他にもっとよい方法があるかもしれませんし、意見を聞くことで、係員にもこうした制度構築の参画意識を持たせることができると思います。

Q 係員に参画意識を持たせることが、なぜ重要なのですか。

A やはり「係長が勝手に考えて、係員にやらせている」というよりも、「係員と一緒に考えて、制度をつくった」という方が、他の係員への周知徹底にも効果的だと思います。

Q 情報は係長が周知するだけでなく、係員から発信するものもあると思いますが、その対応はどのように考えますか。

A 先程のパソコンであれば、係員が他の係員へ周知したい事項をまとめるフォルダを作る方法も考えられます。ただ、やはり直接コミュニケーションすることも重要ですので、全員が揃わない場合でも、定期的に係会を開催し、意見交換をすることが大切だと思います。

15 何度も同じミスを繰り返す係員にどう対応しますか

同じミスを繰り返す係員については、本人への指導と、ミスを生まない職場のチェック体制をつくることが必要です。

【事例】

　Aは、今年4月に主任に昇任し、X係に配属されてきた。明るく朗らかで、周囲の係員にも好かれている。しかし、やや緻密さに欠ける部分があり、議会や監査に提出する資料など、重要な資料作成でいつも間違える。このため、課長から「何回言ったらわかるんだ！」と注意されているが、しばらくするとまた同じような間違いをしてしまう。

◆係員の資質向上と組織としての対応

　事例には、2つの問題点があります。

　1つ目は、係員本人の問題です。同じようなミスを繰り返してしまう場合、ミスをなくすように、本人への指導が必要です。具体的には、作成した資料をすぐに上司に提出するのでなく、必ず見直したり、隣の係員に必ずチェックしてもらったりすることを、本人に習慣化させることです。これにより、係員の資質向上を図ります。

　2つ目は、組織としての問題です。この係員が作成した資料をそのまま課長に提出し、議会や監査などの重要な場面で間違ったままでいることは、係の体制として不備があるということです。これは、それを見逃している係長の問題でもあります。

　このため、そうした重要な書類については、他の係員と係長の最低2人の係員が再度チェックする体制をつくるなどのルール（仕組み）をつくることが大事です。

Q あなたがこの係の係長であれば、どのように対応しますか。

A この事例には、2つの問題点があると思います。1つは、A自身の問題で、本人がこうしたミスを繰り返さないように指導する必要があります。具体的には、資料作成後にすぐ提出するのでなく、必ず見直すことを習慣化させます。もう1つは、係としてこうした間違った資料を課長に提出してしまうことが問題です。このため、係として、重要な資料については他の係員がチェックするというルールをつくり、徹底させることでミスを防ぎたいと思います。

Q Aの指導についてですが、資料作成後に見直すだけで、ミスがなくなるでしょうか。

A 実際にはわかりませんが、このAがせっかちで緻密さに欠けるようであれば、ミスがなくなるまで、どんな資料でも作成したら必ず他の人に見てもらうことを、しばらくは習慣化させることも必要かもしれません。他の係員に見られることによって、本人もいったん客観的に見る癖をつけることができると思います。

Q 係としての対応ですが、他の係員も含めたチェック体制をつくっただけで、ミスはなくなるでしょうか。

A 完全になくなるかはわかりませんが、以前よりも減少すると思います。また、大事なことは、職場全体でこうしたミスをなくそうという意識づけだと思います。チェック体制があっても、係員の意識が低いままだと、形骸化してしまうおそれがあります。

Q 係員の意識づけのために、係長としてどのようなことをしますか。

A 大事なことは、係会で定期的に係員に周知することだと思います。こうしたミスを起こすと、単に一係員の問題でなく、係全体に影響が出てきて、係の運営に支障が生じますので、その点を理解させます。

16 仕事をしない係員に どう対応しますか

住民対応をしない、電話に出ないなど、問題のある係員については、冷静に行動を記録した上で、上司に相談します。

【事例】

　４月からＸ係に配属されたＡは、すでに３つの職場を経験しているものの、以前から「仕事をしない職員」との評判が立っている。実際に、４月以降もほとんど電話には出ず、窓口に住民が来ても知らん顔である。仕事が残っていても、定時には帰庁してしまう。他の係員から「あの人とは一緒にやっていけない。異動させてほしい」との声が出ている。

◆客観的な事実の把握と課長への相談

　最近では、事例のように露骨な問題職員はいないものの、やはり仕事をあまりしない職員はどこの自治体にもいるものです。

　まず、大事なことは当該係員がどのような問題行動をしているのか、正確に記録することが必要です。こうした係員への対応は、いずれ懲戒処分を加えたり、裁判に及ぶこともありますので、客観的事実の把握が必要です。また、そこまでいかなくても、本当にその係員の行動が問題なのかを冷静に把握するためにも、事実を記録しておくことが重要です。

　また、本当に問題行動であるならば、その係員本人を呼んで、どのように考えているのかを確認することも大切です。

　さらに、課長への相談です。実際に仕事をしないようであれば、それは処分の対象となりますから、事実をきちんと課長へ報告し、相談します。仮に、処分にはならなくても、きちんと上司と連携して対応することが求められます。

面接問答例

Q ― あなたがこの係の係長であれば、どのように対応しますか。

A ― まず、本当にこの係員がきちんと業務を行わないのか、事実を把握します。本人の行動を客観的に記録し、「いつ、どのようなことをしたのか」を正確に把握します。どのような問題行動があるのかをしっかりと押さえることが重要だと思います。これらの記録作成にあたっては、他の係員にも協力してもらい、必要に応じてヒアリング等を行います。その上で、やはり問題であるならば、そうした行動の記録をもとに、本人と話をします。

Q ― なぜ、問題行動を記録するのですか。すぐに上司に相談した方がよいのではないですか。

A ― その係員の行動が本当に問題なのかどうかを、冷静に把握するため、客観的な記録が必要と考えます。他の係員が「異動させてほしい」と言っていますが、果たして本当に問題なのかを見極める必要があるかと思います。

Q ― 記録した後には、どうするのですか。

A ― 本当に行動に問題があるのならば、本人を呼び出し、その記録を示しながら注意します。また、本人がどのように考えているのか、Aの考えも併せて確認します。

Q ― Aに反省する意思が見られない場合は、どうしますか。

A ― 次は、課長に相談します。問題行動があり、本人にも反省の色が見られないのであれば、当然処分等も考えられるかと思います。ですので、課長にも行動記録を示しつつ、相談します。

Q ― こうした問題のある係員については、実際には処分までに至らず、異動もさせられないということも考えられますが、その場合にはどうしますか。

A ― そうした場合には、係の運営について他の係員とも相談しつつ、どのような対応ができるのかを検討します。具体的には、係の業務体制や事務分担について考えます。

⑰ 元気がない様子の係員に どう対応しますか

円滑な係運営には、部下のストレスマネジメントが欠かせません。問題がある場合には、係長として適切な対応が求められます。

【事例】

　Y係は、保育園の入園に関する事務を行っている。保護者からの申込みの受付、提出書類の審査、入所の決定までを行う数か月は、係員は残業続きとなり、土日も出勤してくるような状態となっている。今年、このY係に異動してきたC主任は明るい性格だったが、この忙しさの影響のせいか、最近は口数も減り、考え込んでしまうことが多くなった。最近は、朝夕のあいさつもしないようになっている。

◆部下のストレスマネジメントも係長の業務

　部下を管理することは、当然、係長の仕事の1つです。もちろん、強権的に毎日の行動を厳しくチェックする必要はありませんが、何もしないと陰で不正が行われる場合もありますし、チーム力も生まれません。

　また、最近は職員数も厳しく管理されているため、人員的に余裕のある職場はほとんどありません。業務も増大していることから、一人ひとりの負担は大きくなっています。このため、心を病む職員が多いのも事実で、休職者なども増えています。

　事例のような場合には、係長として早急に対応することが求められます。部下がふさぎこんでいる理由を見つけ、適切に対応することが求められます。放置していては、悪化するだけです。当該係員との面談、他の係員へのヒアリング、課長への相談など、係長としてできるかぎりの対応を行う必要があります。

Q あなたがこの係の係長であれば、どのように対応しますか。

A まずは、C主任と面接を行って、本人に状況を確認します。事例では業務の忙しさから心身のバランスを崩しているように見えますが、本当にそうなのか、他に理由がないかを確認します。ただ、面接で必ずしも本人が本当のことを言うかわかりませんし、またきちんと状態を自覚できていないかもしれませんので、他の係員にヒアリングを行います。C主任の最近の言動や行動でおかしいことがあったのかなどを聞いて、事実を確認します。以上をふまえ、上司に状況を報告するとともに、対応について相談します。

Q C主任から「忙しくて、今の仕事を続けられない」という訴えがあった場合には、どうしますか。

A すぐに異動させるのではなく、例えば、しばらく休みを取る、業務を少し軽減するなどの方法もあるかと思います。場合によっては、専門家によるカウンセリングや、医師の診察が必要かもしれませんので、本人の状況を確認しながら対応します。

Q 本人が医師の診察を拒否した場合には、どうしますか。

A ふさぎこんでいるのが一時的なものであったり、すぐに改善が見込めそうであればよいと思いますが、そうでない場合は、課長にも面接してもらうなどして、課長や人事担当などとも連携を図っていくことが大事だと思います。

Q 他の係員には、この状況についてどのように説明するのですか。

A まずは、C主任と面接して、ある程度状況を把握した上で、他の係員に説明します。場合によっては、C主任の事務を軽減し、他の係員に協力してもらうことも検討します。

Q この職場はかなり忙しいので、他の係員が難色を示すことも想定できますが、大丈夫ですか。

A きちんと説明し、理解を求めるように努めていきたいと思います。

18 係で話し合う時間がない場合、どう対応しますか

時間がないときや、係員の意見がまとまらないときには、係長には係の責任者として、リーダーシップを発揮することが求められます。

【事例】

　X係は、係長を含め4人で構成されている。課の庶務担当係として定例的な事務もあるが、課の取りまとめ役として、課内の他の3つの係のそれぞれの事務を調整して、課としての方針案を決めている。係員それぞれが他の係を1つずつ受け持っているが、最近になって非常に各係の調整事項が多くなり、事務が増えている。このため、以前は係全体で十分に相談し、方針案を決定していたが、現在はその時間を確保するのが困難になっている。

◆係長がリーダーシップを発揮し、判断する

　係として何か物事を決定する際には、係会を行い、全員で話し合って決めるのが一般的だと思います。しかしながら、そうした時間がない場合、もしくは意見が分かれてしまったような場合には、係長がリーダーシップを発揮して、判断することが必要です。

　昇任試験面接では、「係として何かを決める際に、係長としてどうしますか」という質問に対し、「係会で相談して、決めます」と答える受験者が圧倒的に多いのですが、それだけでは済まないときもあります。いつも係会で決めるわけにはいかない場合もあるのです。

　また、反対にいつも係長の独断専行だけでは、係員の反発を招くことは必至です。これでは、係長は係員から信頼されなくなってしまいます。このバランス感覚が係長には必要です。

Q あなたがこの係の係長であれば、どのように対応しますか。

A まず、現在の係の執行体制の見直しが必要だと思います。これまで
は、係全体で十分に相談する時間を持つことができましたが、事例
ではそれが困難になっています。このため、本当に係全体で相談し
なくてはならない事項については時間を確保しますが、その他につ
いては、係員同士や係長と係員との調整によって決定するなど、こ
れまでの係の運営方法を見直していきます。

Q そうした運営方法の見直しで、事務に漏れが生じることもあると思
いますが、大丈夫ですか。

A これまでとは異なり、係全体で話し合う時間がありません。このた
め、完全に漏れをなくすことは難しいかもしれませんが、最低限の
全体の調整以外については、係長が中心となって行うことが必要だ
と思います。

Q 場合によっては、係員同士で話し合う時間が持てず、係長が判断し
なくてはならないこともあると思いますが、その場合にはどのよう
に対応しますか。

A 係長がリーダーシップを発揮して、判断することが必要だと思いま
す。先程申し上げたように、本当に必要な係全体の調整は行います
が、その他については係長が主体的に調整役となり、判断します。

Q 係長がそうしたリーダーシップを発揮するためには、どのようなこ
とが必要だと思いますか。

A やはり、普段から係員とコミュニケーションを図り、信頼関係を構
築しておくことが大事だと思います。信頼関係がないと、リーダー
シップを発揮しても、単に「係長が勝手に決めた」と思われて、反
発される恐れがあります。

Q 具体的にどのようにコミュニケーションを図るのですか。

A できるだけこちらから積極的に係員に話しかけ、細かなことについ
ても意思の疎通が図れるように心がけたいと思います。

19 非効率な事務を どのように改善しますか

係運営の中で非効率な部分が発見されたら、改善することが必要です。係長として係員をまとめていきます。

【事例】
　Ｙ係は、住民から広く市政に関する相談を受けることを業務としている。解決方法を考え、庁内の関係部署を紹介したり、他の官庁を案内したりしている。曜日・時間により相談を受ける係員を決めている。相談内容が多岐に渡るため、同様の相談にもかかわらず、係員によって異なる回答をしたり、同じ部署に何度も同じ問い合わせをしてしまったりしている。このため、相談者や庁内の他部署から苦情が寄せられている。

◆係全体で問題を共有し、解決策を考える

　事務のムリ・ムダ・ムラについては、積極的に解消するように努めることが必要です。そのためには、係長一人が行うのでなく、係員に問題を認識してもらい、係全体で問題を共有することが必要です。また、解決策についても係全体で共有することが求められます。

　具体的な事務の効率化については、いろいろな方法があります。パソコンによるデータ管理、業務の委託化、作業手順の効率化などです。キーワードとして「単純化」「機械化」「見える化」などがありますが、実際にどれが効果的なのかは事務の内容によって異なります。

　なお、こうした事務の効率化の前提として、係員のコミュニケーションがきちんとできていることが必要です。いくら事務を効率化しても、係員同士のコミュニケーションが不十分では、いずれ形骸化してしまうからです。

Q あなたがこの係の係長であれば、どのように対応しますか。

A まずは、係会を開き、問題を共有します。相談者や他部署から苦情が寄せられていますので、その内容を確認します。また、係員も業務を通じて問題意識を持っていると思うので、意見交換を行って、係員同士の認識の共有化を図ります。その上で、対応策を検討していきます。同じ相談については、誰が対応しても同じ回答をすること、また他部署へ負担をかけないような連絡方法を決めるといった対応策になると思います。

Q 具体的には、どのような解決策が考えられると思いますか。

A 1つは、相談内容を分類し、体系化することだと思います。相談を受けた係員が、以前の相談履歴から、類似の相談内容を素早く検索できるように分類することが必要だと思います。もう1つは、その体系化を行った上で、これまでの相談内容や対応をデータベースにして、パソコンでファイル化を行います。これにより、すぐに検索できるようになりますし、場合によってはキーワード検索などもできるかもしれません。

Q 他部署からも、何度も同じ問い合わせをすることについて、苦情が寄せられていますが、このことにはどのように対応しますか。

A 例えば、実際にその職場に問い合わせて確認するだけでなく、単にメールで「○○さんが△△の件で、後日□□課に訪問予定」と周知するだけでもよいケースもあると思います。なるべく、他の部署の係員の手間が省けるように、省力化できる部分についてはそのように対応していきます。

Q この事例について、それ以外に対応することはありますか。

A 事例を見るかぎりでは、係員同士の日頃のコミュニケーションが不足しているように思われます。このため、回答にばらつきが見られたり、同じ問い合わせをしているようなので、定期的な意見交換などコミュニケーション確保の場を設けたいと思います。

20 係員間のコミュニケーションをどう図りますか

係員間のコミュニケーションが不足している場合には、何かしらの場を設けて、係員に話をさせる役割を持たせます。

【事例】

　X係は、庁内の文書や法規を担当する係である。各係員はそれぞれ担当する部署を持っており、条例や規則、要綱の作成や訴訟などの相談に乗っている。このため、担当する部署と話すことが多いものの、何か問題があっても係長に相談することが多く、係員同士で話をする機会が少ない。係会も定期的に開催しているものの、単に係長が連絡事項を伝えるだけの場となってしまっている。

◆意識的にコミュニケーションの場をつくる

　係員間のコミュニケーションが不足している理由としては、係員同士の仲がよくないということも考えられますが、そもそもコミュニケーションを活発化する仕組みがない場合も考えられます。

　係長としては、活発化する仕組みを構築することにより、係員同士が交流する場を設けることが必要です。単に、「コミュニケーションは係員同士の問題だから」と放っておいては改善されません。

　具体的な方法としては、係員同士が話し合う場を持つことが大事ですので、係会の中で意見交換を行う、勉強会を開催するなどがあります。当然、飲み会などのアフターファイブでの交流も考えられますが、まずは日常業務の中でどのように係員間のコミュニケーションの場を確立させるかが大事になります。その場の中で、係員に役割を与えて、話す機会を設けることが重要です。

面接問答例

Q― あなたがこの係の係長であれば、どのように対応しますか。

A― 現在、係長と係員の間にはコミュニケーションがあるものの、係員同士のコミュニケーションが不足している状態です。これでは、係員が同じような事務に従事しているにもかかわらず、横の連携が図れず、係員同士の切磋琢磨もできないため、問題です。また、係会も形骸化しており、これでは同じ係員同士でも交流ができておらず、1つの係の運営としても問題があると思います。このため、担当業務である文書や法規の勉強会を実施し、係員同士がレベルアップを図れるようにします。また、現在実施している係会についても、単に連絡事項を伝えるだけでなく、実質的な情報交換ができるように、毎回何かしらの議題を設定するなどの工夫をしたいと思います。

Q― 勉強会は、実際にはどのように実施するのですか。

A― 例えば、係員が抱えている課題があれば、係長が答えを出すのではなく、他の係員に考えさせ、結論を出させることも必要だと思います。議論をすることによって、係員のスキルも上がりますし、係の大事な資産にすることもできると思います。また、毎回テーマを設定するという方法も考えられます。要綱の作成など、誰もが共通するテーマについて、毎回発表者を変えて報告すれば、効果があると思います。

Q― 係会の形骸化を防ぐには、具体的にどんな方法が考えられますか。

A― 例えば、所掌する文書事務以外の行政課題について、毎回テーマを決めて意見交換を行う、研修参加者がいればその報告をしてもらう、などの方法があると思います。

Q― このように係会が形骸化してしまう理由は、どこにあると思いますか。

A― 係長が一方的に話すだけで、係員が話す機会がないことにあると思います。係員に役割を与えて自ら話す機会を設ければ、コミュニケーションが活発化すると思います。

21 特定の係員が忙しい状況にどう対応しますか

どうしても特定の係員にだけ業務が集中し、残業が続くことがあります。
他の係員がフォローする体制が必要です。

【事例】
　Y係は、保育園の新設に関する事務を行っている。保育園の新設については、保育園運営事業者、県、庁内の関連部署との調整が必要であり、1つの新設の事務については一人の担当者が行う分担となっている。しかし、今回新設するA保育園については、調整が難航してしまい、担当するC主任が連日残業している。他の係員もそれぞれ仕事を抱えており、C主任を手伝うことも困難になっている。

◆係全体でフォローする体制を構築する

　年度当初にできるだけ公平になるように事務分担を定めていたつもりでも、業務の内容によっては、どうしても負担が偏るということはあるものです。特に突発的な事故や、想定外の事態が発生したような場合には、その担当職員をフォローする体制が必要です。

　特定の係員だけがいつも残業し、その他の係員はいつも定時帰庁では、係員の間に溝が生まれてしまいます。係長としては、そうした溝が生まれる前に対応することが求められます。当該係員の事務の一部を他の係員に担当させるなど、係全体でフォローする体制を構築することが重要です。しかし、実際の現場では、そのような事務の一部を移管させたとしても、公平に負担するのは難しく、やはり、特定の係員だけが残業していることがよくあります。それでも、他の係員が何かあったらフォローしようという意識を持っていれば、連携を図ることができます。

面接問答例

Q **あなたがこの係の係長であれば、どのように対応しますか。**

A まずは、このC主任の抱える困難な案件が、これからも長期的に忙しいのか、もしくはもう少しの期間で対応が終わるものなのかの判断が必要だと思います。もし短期的な期間で対応が可能であるならば、係長自身がC主任を補佐したり、定例的な事務については他の係員に委ねるなどして乗り切ります。しかし、まだこれからも当分の間、対応が必要な場合については、係全体の事務分担を含め、見直す必要があると思います。

Q **長期的な対応が必要な場合、どのように事務分担等を見直すのですか。**

A まず係会を開催し、各係員の事務内容や今後の見通しなどについて意見交換を行います。C主任の業務で、他の係員や係長である自分に協力できることはないのかなどを確認します。他の係員の事務について、今後の見通しを立てることができれば、今後の係の運営について話し合うこともできると思います。また、併せて事務の効率化などについても検討したいと思います。

Q **実際の業務では、この事例のように、どうしても特定の係員にだけ負担が偏ることもあると思います。その際、係長としてはどのようなことに注意が必要だと思いますか。**

A 確かに、実際の業務では、特定係員に業務が集中することがあります。それについて、その係員本人も納得しており、周囲もそれを支援する体制があれば問題ないと思います。しかし、もし本人が不満に思っていたり、係として連携が図られていないのであれば、それは問題ですので、改善が必要だと思います。

Q **係としての連携とは、具体的にどのようなことですか。**

A 忙しい係員を支援する体制ができていることだと思います。他の係員が忙しい係員を気遣い、フォローする体制ができていることが大事だと思います。

22 係長に依存する部下を どう指導しますか

住民からの思わぬ質問に、「これは自分の担当ではないから」と逃げてしまう係員には、きちんと係長が指導することが必要です。

【事例】

　Aは、X出張所で住民票や戸籍、税金の収納などの窓口業務に従事している。本庁とは異なり、定例的な業務が多いことから、それほど例外的な業務はない。しかし、時折、税金などの相談や、出張所とは直接関係のない業務について、住民からの相談がある。Aは定例的な内容であれば問題なく処理できるものの、少しでも例外的な業務があると、係長に対応を依頼して、自分は自席に戻ってしまう。

◆住民対応は職員の基本

　事例のように、与えられた業務しかせず、例外的な業務についてはすぐに他の係員に仕事を依存してしまう者がいます。これは「決められた職務だけやっていればよい」と思っていたり、その必要性・重要性について理解していないことが原因です。係長としては、当該係員に対して次の2つのことを説明し、認識してもらうことが重要です。

　1つは、自治体職員はどこの部署にいようとも、住民のために働いていおり、「これは担当外だから知らない」では、済まされないということです。最低限、関係部署を紹介する必要があります。

　もう1つは、このように自分のすることに制限を設けてしまうと、職員としての成長が止まってしまいます。例えば、事例の係員と例外的なことでも対応する係員を比較すれば、将来にとってどちらがよいかは明白です。こうした点について、係長が説明し、理解を求めるのです。

Q ― あなたがこの係の係長であれば、どのように対応しますか。

A ― 私は係長として、Aに対して直接出張所の業務でなくても、住民の話を聞き、できるだけの対応をするように指導します。出張所は出先職場であり、住民に直接対応する第一線の窓口です。たとえ、住民からの相談内容が出張所の業務でなくても、住民の話を聞き、必要な部署を紹介することは職員の責務です。このことをAに説明し、例外的な業務であっても、係長に依頼するのでなく、誠意を持って住民に対応する必要があることを説明します。

Q ― 具体的にAに対し、どのように説明するのですか。

A ― 他の係員の前ではなく、会議室などで1対1で話したいと思います。先程申し上げた、出張所職員としての責務などを説明します。また、おそらく他の係員も出張所とは直接関係のない相談や質問に対応していると思いますので、そうした事例を挙げながら説明したいと思います。例外的な仕事はすべて係長に依存してしまっていては、職員としての能力開発の機会を自ら制限してしまうことになりますので、そうしたことは将来にとってもマイナスであることを理解してもらいたいと思います。

Q ― 自分の業務以外のことについて知識を増やすことは、頭でわかっていても実際には難しいことだと思います。係長としては、実際にどのようなフォローをしますか。

A ― 急にAに「やれ」と言っても難しいと思いますので、最初は、係長である私やベテラン係員が一緒に窓口に立ち、Aと一緒に対応します。そうした姿をAに見せることによって、少しずつ学習してもらうことが効果的だと思います。

Q ― 他に何か工夫できることはありますか。

A ― 例えば例外的な対応マニュアルを作成し、係全体に浸透させることができれば、係としてレベルアップが図れると思います。

23 課長と調整できない場合、どう対応しますか

課長が忙しくてなかなか話す時間が取れない場合には、コミュニケーションのルール化を行います。

【事例】

　X係は、保育園の待機児童対策を行っている係である。待機児童対策は、現在この市における大きな行政課題になっており、市長も最重要課題と言っている。課長も議会・住民対応や、保育園の園長との打ち合わせなどで現場に出かけることが多く、なかなかじっくりと話すことができない。このため、事務の調整を図ることもできず、日頃の業務に支障が出ている。

◆コミュニケーションのルール化を図る

　事例のように、本当に忙しい職場では、課長がほとんど自席におらず、いろいろな所へ飛び回っていることがあります。しかし、いくら関係機関との調整を行っても、自分の課の職員ときちんとコミュニケーションが図られていないと、無意味になってしまうことがあります。

　もし、課長と係長の意思の疎通がきちんとできておらず、日常業務に支障をきたしているのであれば、きちんと話し合うことが必要です。係長が問題だと思っていても、課長にその認識がない、ということもありますので、問題を共有しておくことが第一歩です。

　その上で、ではどのようにコミュニケーションを図るのかを、お互いに確認します。定期的に会議の時間を確保するとか、定例報告はメールで行うなど、ルール化を図っておくことが有効です。なお、その際には他の係長も含めて、課全体で統一しておいた方が効果的です。

面接問答例

Q あなたがこの係の係長であれば、どのように対応しますか。

A 課長も忙しいと思いますが、まずは、課長に事務の調整ができず、日頃の業務に支障が出ていることを理解してもらいます。この事例であれば、自分の係だけでなく、他の係長も困っていると思いますので、課長と各係長で会議を行います。その中で、課長のスケジュールをきちんと把握することや、課長と係長で調整するときのルール化を図ることが必要だと思います。さらに、課長自身が不在になることも多いので、各係長が代理で務める内容なども、課長・各係長で共通の認識を持っておくことが必要だと思います。

Q 課長と係長で調整するときのルール化とは、具体的にどのようなことですか。

A 例えば、課長が不在時に、どの程度の内容であれば、係長が判断して構わないのか、といった判断の内容や緊急の案件ではない場合にはメールで送るといった調整の方法など、いくつか考えられると思います。課長と各係長でコミュニケーションの方法をルール化しておけば、実際に顔を会わせる時間がなくても、混乱は減ると思います。

Q 課長不在時に係長が判断するとありましたが、課長の権限を侵すことになりませんか。

A 内容によると思います。例えば議会対応であったり、部長からの下命事項であれば、当然課長が判断することですので、係長では判断できないと思います。しかし、軽微な内容であれば問題ないと思います。また、緊急事態であれば、たとえ課長が不在であっても、課として判断しなければならないこともありますので、ケースバイケースかと思います。

Q このような職場で、係長として注意すべき点は何だと思いますか。

A 課長と係長だけでなく、係員も含め、課全体でコミュニケーションを図ることだと思います。忙しい職場だからこそ、意識にズレがあると、小さなことで問題が発生してしまうと思います。

24 何も判断しない課長に どう対応しますか

課長でいながらも判断せず、ただ言われたことを一方的に部下に伝える課長には、他の係長とも相談して対応を考えます。

【事例】

A課B係は、まちづくりに関する業務を行っている。地元や関係機関との調整など、やるべき事務は多いのだが、A課長は何も判断せず、部長や議会に言われたことを、そのまま係長に伝えるだけである。また、反対に係で検討し、複数案を持って課長に判断を仰いでも、「係で決めた案でよい」と他人事である。

◆他の係長とも相談し、必要ならば部長にも相談

課長というポストにいながらも、判断しない、責任を取らない、問題があると部下のせいにする――。困った課長は、実際にいるものです。本来ならば管理職失格ですが、そうはいっても係長としては、何とかしなければなりません。

職場が混乱しているならば、他の係長とも相談し、課長に直接話をして問題を認識してもらうことが必要です。ただ、それで理解してもらうことは、実際には難しいかもしれません。そうした場合には、課長の上の部長に相談するということも、当然考えられると思います。そのような課長であれば、部長も問題意識を持っていることも想定できますので、理解を示してくれることもあると思います。

ただ、課長自身がメンタルの面で支障をきたしているということも考えられます。すぐに「管理職失格だ」と決めつけるのではなく、他の係長とも相談しながら、対応を考えることが大事です。

Q あなたがこの係の係長であれば、どのように対応しますか。

A 他の係長とも相談しますが、課長が判断をしないことによって、業務に支障をきたしていることを課長に直接伝えます。課長と係長では役割が違いますから、課長として意思決定をしてくれないと、組織として混乱してしまうことを認識してもらうことが必要だと思います。また、議会や部長から言われたことをそのまま部下に伝えるのでは、係員も混乱してしまい、仕事へのモチベーションを下げてしまうことを理解してもらいます。

Q なぜ、部下のモチベーションが下がってしまうのでしょうか。

A 議会や部長など、複数の人から言われたことをそのまま伝えるのであれば、当然、その指示もバラバラになってしまいます。例えば、昨日と今日では、指示する内容が異なるということも予想されます。それでは、部下は結局何をしたらよいのかわからず、仕事のやる気を失ってしまうからです。

Q 課長としての判断とは、どういうことでしょうか。

A たとえて言うならば、交通整理をしてもらうことだと思います。いろいろな要望や考え方がある中で、課としてどのような方向で進むのかを課長が決定することだと思います。

Q 課長を飛び越して、部長に相談するということも考えますか。

A 場合によっては、直接、部長に相談するということも考えられます。事例のような職場であれば、当然、職場が混乱していますので、きちんとした成果を出すことができていないと思います。そうした点について、部長に理解を求めます。また、もしかしたら、課長自身がメンタルな面で問題を抱えていることも考えられますので、そうした点も含めて相談します。

Q 部下である係員には、どのように説明するのですか。

A 他の係長と相談したり、課長と直接話した内容などを説明したりして、その時々の状況を説明したいと思います。

25 課長と係員が対立したら、どう対応しますか

課長と係員が対立し、係長がその調整をすることがありますが、大事なことは自分がどう考えるかです。

【事例】

　A課B係は、課の庶務担当する係で、予算の取りまとめなども行っている。A課長は、非常に几帳面で細かい性格で、資料や起案文書などにも一言一句チェックを入れる。このため、事務が滞ることも多い。係員からは、「課長に資料を提出すると、真っ赤に添削されて、突き返される。こんな細かな点まで注意されるようでは、やっていられない」と言われている。しかし、課長もスタイルを変更する気はなく、課長と係員の対立が深まっている。

◆係長としてどう考えるかが大事

　事例のように、課長と係員の間に入り、係長が調整しなくてはいけない場合があります。このときに重要なことは、どちらの味方をするかではなく、係長自身がその問題についてどのように考えるかです。係長自身の考えがきちんとしていないと、対応がブレてしまい、双方から疎まれる存在となってしまいます。

　きちんとした認識を持った上で、両者を調整することが重要です。例えば、課長に対しては係員のモチベーションが下がってしまうことや、業務全体の進捗状況などを説明し、理解を求めます。反対に部下に対しては、課長の考えや気持ちを代弁したり、仕事のあり方などを説明することが必要かもしれません。また、他の係でも同様の問題が起こっていることも考えられますので、他の係長に相談することも有効です。

Q あなたがこの係の係長であれば、どのように対応しますか。

A まず、係長として仕事の進め方の観点から、課長の仕事のスタイルに問題があるのか、それとも係員の方に問題があるのかを判断します。仮に係員の仕事の進め方に問題があるならば、事例では「事務が滞ることも多い」とあっても、課長の指示に従う必要があると思います。もちろん、他の部署に迷惑をかけたり、住民サービスに影響が出ては問題ですが、そうでなければ課長に従うべきです。反対に、課長の仕事のスタイルに問題があると考えたならば、部下の話を十分聞いた上で、直接課長と話をしてみたいと思います。

Q その場合、課長にどのように話をするのですか。

A 例えば、業務遂行に支障をきたしているのであれば、そうした実態について説明します。また、係員の仕事へのモチベーションが下がっていますので、組織にとってマイナスになっていることを話します。

Q それでも課長が理解しない場合には、どうしますか。

A そもそも資料や起案文書は、課長に提出する前に係長がチェックしているはずです。その上で、課長が一言一句添削するというのであれば、かなり細かい点まで言及していると思いますので、「そこまでは必要ないのでは」ということも話してみたいと思います。

Q 課長・係員のどちらかに非があるということではなく、どちらの言い分にも理解できる部分があるというのが現実だと思うのですが、その場合にはどうしますか。

A 係長として、課長と係員の間に入り、調整することが必要だと思います。課長と係員が直接話し合って対立しては困りますので、間に係長が入ることで上手く調整していきたいと思います。

Q 他に係長として、何かできることはありますか。

A この事例であれば、他の係でも同様の問題が発生していることも想定できますので、他の係長にも相談してみます。

26 課長不在時の住民からの 苦情にどう対応しますか

住民が大勢で窓口に押しかけて苦情を言いにきた場合には、課長の判断を仰ぐことが大事ですが、係長としてもやるべきことがあります。

【事例】

　教育委員会事務局のＹ課Ｚ係は、学校給食に関する事務を取り扱っている。先日、市内のＡ小学校で給食に異物が混入するという事態が連続して発生した。このため、Ａ小学校の保護者15人が、急遽Ｚ係の窓口を訪れ、「Ａ小学校の給食について、責任者である課長と話し合いたい」と申し入れたが、課長は出張で不在だった。

◆用件をきちんと確認し、課長の判断を仰ぐ

　住民が大勢で窓口に苦情を言いに来た場合は、個人への対応とは異なり、相手が団体であることを十分注意して対応する必要があります。

　特に事例のように、学校の保護者などはっきり住民の属性がわかるような場合には、役所側も組織的に対応することが求められますので、基本的に課長以上が対応することになります。しかし、課長が不在であったり、緊急事態の場合には、係長ができる範囲で対応することが必要です。

　相手の用件を正確に聞き出し、課長に判断を求めることが基本です。課長が不在時には、後日連絡することを伝えます。また、課長への報告にあたっては、事前に調べられることは調べておき、課長に報告しておくと、課長が判断する際の材料にもなります。

　なお、たとえ住民であっても、窓口で騒ぐなど、他の住民への迷惑となるようであれば、毅然とした態度で臨むことも必要です。

面接問答例

Q あなたがこの係の係長であれば、どのように対応しますか。

A まず、課長が不在ですので、係長である私が窓口で対応します。A小学校の給食に関する用件ですが、具体的にどのような話をしたいのかを確認します。私が担当の係長なので、できる範囲ではお答えしたいと思います。次に、課長が不在であることをお伝えします。あくまで責任者である課長と話し合いたいということであれば、課長の意向も確認しなければなりませんので、連絡先等をお伺いし、後日こちらから連絡する旨をお伝えします。

Q 仮に、その保護者たちが窓口で大声で怒鳴ったりしてきたら、どのように対応しますか。

A 事前の約束もせず、急遽大勢で窓口に来るということは、その保護者にも問題があると思います。また、窓口には他の住民の方もいらっしゃいますので、その点をご理解いただくように努めます。そして、またこちらから連絡するようお伝えします。

Q 課長にはどのように報告するのですか。

A 来庁した方の氏名、連絡先、要望などを整理してお伝えしますが、事前にこのA小学校にも連絡して、情報を集めておきます。

Q どのような情報ですか。

A 場合によっては、教育委員会に来る前に学校で話し合いがあったかもしれませんので、学校長などから状況を確認しておきます。個人ではなく、団体で苦情を言いに来るということは、ある程度保護者の中で話し合いが行われたと想定されますので、学校側も少しは事情を知っていると思います。

Q 係長がじっくり話を聞くということはしないのですか。

A 内容にもよると思いますが、これほど多くの人数で窓口に来られるのであれば、やはり課長の判断が必要だと思います。

27 窓口で怒り出した議員にどう対応しますか

議会対応は基本的に管理職が行いますが、係長が議会について理解していると組織にとってプラスに働きます。

【事例】

　A課B係は、地域の防災訓練を所管する係である。毎年、町会主体で行う地域防災訓練では、市から啓発用の記念品を町会に配付している。ある日、町会長でもある議員が記念品を受領するため、窓口にやってきた。議員が課長に会わせてほしいというと、議員だと知らなかった新人の係員が「そんなの無理ですよ」とあしらってしまった。このとき課長は不在だったが、議員は「その失礼な言い方は何だ。俺を知らないのか！」と大声で怒り出してしまった。

◆係長も議会について理解しておく

　議員対応は基本的には管理職が行うものですが、課長不在時などに係長が対応することもあります。議員だからといって身構える必要はないのですが、対応が難しい議員がいることも事実です。

　事例のように、課長が不在時に議員が窓口に訪れた場合には、係長が率先して対応した方がよいかもしれません。たとえ係員に非がない場合でも、無用の混乱を避けることができます。もちろん、係員に非があった場合には謝罪が必要です。

　なお、係長であっても、議会についてはある程度理解しておいた方が仕事がスムーズに進みます。議会の仕組みや会派、議員の地盤、興味のある分野や人柄など、知っているだけで仕事が大きくはかどります。また、課長を補佐する際にも、十分に役立ちます。

Q－ あなたがこの係の係長であれば、どのように対応しますか。

A－ まずは窓口に行き、すぐに議員に謝罪します。係員への指導がなっていなかったと、係長としてお詫びをしたいと思います。また、課長が不在であることを説明し、課長への用件を聞いた上で、課長から連絡するように伝えます。

Q－ 仮にその議員が理解して帰ったとします。その新人係員に対し、どのように指導しますか。

A－ 今回のケースでは、議員だからということではなく、基本的な住民対応として問題です。ですので、その係員をすぐに呼び出し、議員だから特別扱いをするということではなく、接遇として問題あるので、改めるように指導します。

Q－ 議員の顔を知らないことは、問題ではないのですか。

A－ 議員のことを知っている方がよいと思いますが、新人の係員にそこまで求めることは難しいと思います。顔を知らなかったことが問題ではなく、あくまで基本的な接遇に問題があったと考えます。

Q－ 課長にはどのように報告しますか。

A－ 新人の係員の失礼な言動で、議員を怒らせてしまったことをきちんと伝えます。また、係長として係員の指導に問題があったことをお詫びし、今後の指導についても、併せて報告します。場合によっては、課長とともに再度謝罪に行くことも必要かもしれません。

Q－ その他に、係長としてどのようなことをしますか。

A－ このことをきっかけとして、もう一度、係の中で住民対応や接遇のあり方について確認したいと思います。具体的には、係会の中で話し合いの場を持ったり、基本的な接遇について確認する機会を持つなどして、自分も含め意識の徹底を図りたいと思います。また、研修に参加させることなども有効かもしれません。さらに、今回のことを契機として、議会対応について課長と意見交換することも有益と考えます。

28 住民説明会が紛糾した場合、どう対応しますか

住民説明会は、自治体職員にとって非常に重要で緊張する場所です。事前にしっかり準備するとともに、係員に多くの経験をさせます。

【事例】

　X課Y係は、ごみ収集に関する事務を担当している。来年度から、ごみの収集方法が変更となるため、現在、町会単位で説明会を行っている。A町会で住民説明会を開催したところ、説明会の途中、急にある住民が立ち上がり、「内容が細かすぎてわからない。そもそも役所の説明は、いつもわかりづらい」との意見が出された。他の住民からも「そうだ、そうだ」と賛同する声が出始め、説明会が紛糾してしまった。

◆周到に事前準備し、係員に経験させる

　住民説明会は、自治体職員にとって、重要かつ緊張する機会です。なぜなら、事例のように、一人の住民から寄せられた苦情をきっかけに説明会自体が紛糾してしまい、後日問題化してしまうこともあるからです。

　そのために、事前準備は慎重に行う必要があります。参加者に応じた資料作成はもちろん、説明の方法についても映像を使うとか、原稿を作成するとか、工夫することが重要です。係長としては、説明会の実務的な責任者として、事前にこれらの点について確認しておく必要があります。

　また一方で、住民説明会は係員育成のよい機会となります。係員が直接住民と会話する中で、受け答えや苦情への対応について学習するからです。このため、できるだけ係員に役割を与え、係長は何かあった場合にフォローすることが望まれます。

Q─ あなたがこの係の係長であれば、どのように対応しますか。

A─ まず、いったん説明会の進行を止めて、わかりにくかったことをお詫びします。その上で、どのような点がわからなかったのか、住民のご意見をよくお聞きし、もう一度できるだけ丁寧に説明します。こちらが一方的に話すのでなく、参加している方が理解しているかどうかを確認しながらもう一度説明していきたいと思います。

Q─ 住民にお詫びすると言いましたが、必ずしも説明が悪かったのでなく、たまたまその住民が理解できなかったということも考えられると思うのですが。

A─ 確かにそういうことも考えられると思いますが、賛同する住民がいるということは、やはり説明がうまくいっていないからだと考えます。また、たとえ一人であってもわかりにくいと感じたならば、丁寧に対応することが必要だと思います。

Q─ この住民説明会のように、住民から苦情やクレームが出されることはよくあることです。係長として、説明会の準備には何が必要だと思いますか。

A─ まず、参加者が理解しやすいように工夫をすることです。参加者に応じた資料の作成や、場合によっては映像の準備、ごみを実際にもってきて示すなどの実物の展示も有効です。また、説明の内容も原稿を作成しておき、どこの会場でも同じ説明になるようにします。さらに、係員に原稿は棒読みせず、参加者の反応を確かめながら説明するように伝えます。

Q─ 係長が説明するのでなく、係員に説明させるのですか。

A─ この事例であれば係員に説明させたいと思います。住民に直接語りかけることは、係員にとって重要な経験となりますし、またこのように苦情を聞くということも自治体職員にとっては重要だと思います。

29 係長自身のストレスに どう向き合いますか

係長に過大なストレスがかかり、つぶれてしまっては問題です。きちんと
自分自身のストレスマネジメントを行うことが重要です。

【事例】

　A課B係は、市役所の中で最も忙しい職場の1つと言われている。係長
を除き、係員が8名ほどいる大きな係であるが、事務も多く残業も少なく
ない。また、地域住民や関係機関と調整することも多く、夜の会議も日常
茶飯事である。その上、先日、研修係から係長に直接「どうしても研修の
講師をやってほしい」との依頼があり、半ば強引に引き受けさせられた。
最近、あまりの忙しさに大きなストレスを感じ始めている。

◆係長自身のストレスマネジメント

　係長自身のストレスマネジメントも、大事な視点の1つです。昇任し
たばかりの係長が勘違いしやすいことの1つに、係長は係員の業務をす
べて熟知し、さらに係長の業務を行わなければならない、といった考え
方をしてしまうことがあります。

　しかし、係長であっても、係員でも一人の職員ができることは限られ
ています。係長は係長としての立場で仕事をするのであり、すべての業
務を熟知している必要はありません。また、係員同様に係長として自己
管理をきちんと行い、ストレスをマネジメントすることが大事なのです。

　そのためには、自分の限界をきちんと把握しておくことも大事です。
限界以上のことを受け入れてしまっては、結局はつぶれてしまい、休ん
で職員に迷惑をかけてしまうということになってしまいます。場合に
よっては、課長に相談するということも必要です。

面接問答例

Q— あなたがこの係の係長であれば、どのように対応しますか。

A— これは、係長自身のストレスが大きな課題となっていますので、そのストレスを軽減することが大事だと思います。あまりに頑張りすぎたり、自分の実力を過信してつぶれてしまっては、却って係員に迷惑をかけてしまいますので、冷静にできることとできないことを判断することが大事です。日中の業務、夜の会議、研修講師など、自分が抱えている仕事について、絶対に自分がしなくてはいけないものと他の係員に任せられるものなどを区分して、負荷を低減していきたいと思います。

Q— 係長が全部やる必要はない、ということですか。

A— はい。もちろん、すべてができれば理想かもしれませんが、やはり係長であっても限界があります。自分の能力を見極めて、係長が行う必要はないものについては係員に任せたり、また、研修講師については改めて断ることも必要かもしれません。もちろん、部下よりも楽をしようということでなく、あくまで係長自身のストレスマネジメントが必要だと思います。

Q— 実際にどのように事務を見直すのですか。

A— 係長も係員もそれぞれ事務を抱えていますので、事務の効率化や省力化ができるところについては、見直しができると思います。例えば、夜の会議を今まで三人で行っていたとしても、二人でも何とかなりそうであれば一人の係員を休ませるということもできるかもしれません。係全体が忙しい職場ですので、そうした事務の見直しは必須だと思います。係長自身のストレスだけでなく、係員のストレスにも配慮する必要があります。

Q— 課長には何か相談しますか。

A— 本当に事務的に限界であるならば、職員増などをお願いするということも考えられますが、まずはできる範囲で自分の係内の見直しを行うことが先決だと考えます。

30 昇任に消極的な係員にどう対応しますか

昇任試験を受験しない職員が増えており、どこの自治体でも課題となっています。職員に受験を勧奨することが求められています。

【事例】

　X課Y係のA主事は、真面目に業務に取り組み、他の係員からも信頼されている。すでに係では、中心的な存在となっている。来年度は主任試験の対象となることから、それとなく昇任試験の受験の意思を聞いてみると、「昇任しても仕事が大変になるだけで、ほとんどメリットがありませんから、試験を受験するつもりはありません」と言われてしまった。

◆昇任することの重要さを伝える

　現在、昇任試験を受験せず、係長や課長のなり手がいなくて大変だという話をいろいろな自治体で聞きます。この理由としては、昇任しても給与などの処遇がそれほど変わらない、現在の仕事で手いっぱいでこれ以上は無理、そもそも昇任に興味がない、プライベートを充実させたいなど、さまざまです。

　もちろん、本人が嫌がるものを強制して受験させることはできませんが、係長や課長がいなければ組織そのものが円滑に運営できないという問題が発生します。このため、係長や課長が受験を勧奨することが求められています（そもそも昇任試験を廃止して、係長を指名制にするという自治体も出ています）。

　「出世することが偉い」といった旧来の価値観ではなく、昇任して業務範囲が拡大することによって、仕事のやりがいも広がっていく。そうした点をきちんと職員に伝えていくことが必要です。

面接問答例

Q― あなたがこの係の係長であれば、どのように対応しますか。

A― A主事に受験を強制することはできませんが、受験するように勧奨したいと思います。具体的には、主事と主任では確かに大きな違いはありませんが、主任は中堅職員としての役割があります。単に、与えられた仕事をすればよいというものでなく、係長と係員のパイプ役として組織を円滑に運営する役割を担います。このため、主事とは視点が大きく異なり、職員として成長できるチャンスであることを説明します。

Q― A主事は「主任になってもメリットがない」と言っていますが、どのようにメリットを説明するのですか。

A― 確かに、主任になったからといって、大きなメリットがあるというわけではありませんが、多少ながらでも給与が違いますし、何より職域も広がっていくことでやりがいも大きくなると思います。他の係員からも信頼されている職員ですので、こうした点について話をしていきたいと思います。

Q― 最近は、この事例のように、昇任試験を受験しようという職員が減っていますが、何が原因だと思いますか。

A― この事例にもありますが、昇任しても仕事が増えるだけで、処遇もそれほど変わらないことから、昇任のメリットが少ないと感じている職員が多いと思います。また、プライベートを重視し、あまり昇任に興味がない、という若い職員も多いようです。

Q― 処遇を改善すれば、昇任意欲が出るということでしょうか。

A― 処遇改善も方法の1つだと思いますが、それですべてが解決するわけではありません。現在、職員一人当たりの業務も多くなっていますから、係長などに昇任してこれ以上負担が増えるのは嫌だと思っている職員や、そもそも昇任にそれほど興味がないという職員も多いかと思います。

第 3 章

管理職試験の
面接問答例20

　係長試験と管理職試験とでは、求められる
（期待される）回答は異なります。面接問答例
を通じて、実際に職場で起こりうる問題に対
する管理職としての考え方、回答の仕方を身
につけましょう。

① SNSに業務内容を掲載する職員にどう対応しますか

私的なSNSに、安易に情報を掲載してしまう職員がいます。公務員として不適切な行動とならないよう、課長として注意する必要があります。

【事例】

　A課は、広報広聴や市民からの相談などを担当する課である。職員は、業務の性格から地域に取材に行くことも多く、市民を取材して広報紙や市のホームページなどで紹介している。ある日、議員から課長に電話があり、「職員の私的なSNSに、取材内容や職員の感想が掲載されている。また、市民の画像もあるが、本人は掲載を了解していないと言っている」という話しがあった。当該職員は不在のため、本人に確認はできなかったが、SNSを確認したところ、確かに議員の指摘どおりであった。

◆広く浸透しているSNSについて、明確に公私を区別する

　現在、SNSは広く活用されており、自治体も単にホームページだけでなく、ツイッター、フェイスブックなどでも情報発信することがあります。また、職員や議員も活用しており、管理職の中には、議員のツイッターの発信内容から、委員会質問を予測するという人もいます。

　もちろん、ルールを守ってSNSを活用する分には、何ら問題はないのですが、事例のように業務で得た情報や画像を私的に掲載することは、服務上の問題となります。課長としては、当該職員に個別に指導することはもちろんのこと、今回のことを契機に改めて職員全員に周知徹底を図ることが必要となります。

　なお、私的なSNSへの情報掲載時刻が勤務時間中であれば、職務専念義務の視点からも問題となります。

Q あなたがこの課の課長であれば、どのように対応しますか。

A 当該職員を呼び出し、現在ＳＮＳに掲載している内容の削除を命じます。業務で行った取材内容や画像を、勝手に私的なＳＮＳに掲載することは、庁内のルールに違反し、公務員として信用失墜行為に当たると話します。その後、掲載してしまった市民にお詫びするとともに、議員へも報告します。もちろん、部長など上層部へも報告します。

Q 市民への謝罪、議員への報告、上層部への報告とありましたが、どのような順番で行うのですか。

A まず、上層部への報告を行います。そこで、市民への謝罪や議員への報告の具体的内容について説明し、上層部の了承を得ます。

Q 市民への謝罪が先ではありませんか。

A 早急に市民に謝罪することは重要ですが、まずは庁内での意思を統一しておくことが大事だと考えます。また、場合によっては、他から首長などへ情報が伝わる可能性も考えられますので、まずは上層部へ連絡することが先だと思います。

Q 課長として、職員への指導も大事だと思うのですが、具体的にどのように指導しますか。

A まずは、係長会を開催し、今回の内容を報告するとともに、改めてＳＮＳ活用にかかる庁内ルールを確認します。職員がＳＮＳを活用すること自体に問題はありませんが、取材内容や本人の了解のない画像を私的に掲載することは問題であることを伝えます。こうした点を改めて職員に徹底するよう、係長に伝えます。場合によっては、課長自ら職員全員に話すことも必要かもしれません。

Q その他に、課長として行うことはありますか。

A 今回の件は、処分の対象となる可能性もありますので、人事課にも相談したいと思います。

課長自身が納得していなかったり、部下から反発が予想されたりすること
であっても、部下に理解させることは管理職の大事な役割です。

【事例】

　A部B課は、市内に5か所あるスポーツセンターの管理運営を行っている。市は人口減少に伴う影響を考慮し、様々な施設の見直しを行っており、スポーツセンターもその対象となった。市では、企画・財政部門が中心に行革計画を策定中であるが、その中にスポーツセンター2か所を廃止する案がある。しかし、施設は市民からも好評であり、B課職員はもちろんのこと、B課長も廃止に反対していた。しかし、企画・財政部門に説得されて、A部長はあっさり廃止を了承してしまった。

◆自分が反対しても、組織の決定に従うのが組織人

　自分の意見と全く反対のことを職員に理解してもらい、やらせるのは本当に大変なことです。しかし、実際にそうした場面はあります。

　事例のような施設の統廃合、職員定数の削減、事業の縮小・廃止など、様々です。全庁的なとりまとめを行う企画・財政部門と、事業課との対立は、よくあるパターンです。この時、事業課の課長が、企画・財政部門と自分の課の職員との板挟みになって、つらい思いをすることになります。

　このような時、企画・財政部門を悪者であるかのような発言をする課長がいますが、それでは管理職としての資質を疑われてしまいます。全庁的に決定した事項であるならば、たとえ自分が反対していても、職員に理解させるのが組織人のルールであり、管理職の役割です。

Q あなたがこの課の課長であれば、どのように対応しますか。

A まずは、A部長のところに行き、意見交換をします。A部長は了承していますが、それはもう行革計画として決定事項なのか、それとも、まだ検討する余地があるのかを確認したいと思います。

Q A部長が了承していますので、既に決定の可能性が高いと思いますが、その場合にはどうしますか。

A 2か所の廃止が決定したということであれば、これは全庁的な決定事項ですので、B課の職員に納得してもらう必要があります。

Q 職員にどのように説明するのですか。

A 今後の人口減少への対応として、行革計画は必要な施策をまとめています。税収が減少する中で、今後、どのような市民サービスを提供するのかは、十分な検討が必要です。そのためには、施設の廃止が必要であること、また、この決定は全庁的なプロセスを経たものであり、変更できないことを理解してもらいます。

Q スポーツセンターは住民から好評なので、職員からも廃止反対の声が上がってくると思いますが。

A 確かに、職員の反対もあると思います。しかし、自分の担当する業務だけでなく、職員としては全庁的な視点で考える必要があることを説明し、理解してもらいます。

Q 「課長自身も廃止に反対だったではありませんか」と、厳しく追及された場合は、どうしますか。

A 個人的な意見は別として、組織として決定したことは、組織人として従う必要があることを説明します。

Q 職員のモチベーションが下がり、職場の雰囲気が悪くなることも想定されますが、どう対応しますか。

A 職員の強い反対は、業務に対する愛着の裏返しだと考えます。ですので、時間をかけて少しずつでも理解してもらえるよう職員に働きかけ、チームワークを堅持していきたいと思います。

③ 職員の育休取得による 人員不足にどう対応しますか

出産・子育ては、職員にとって重要なライフイベントです。一方で、課長は、人員減の体制について対応することが求められます。

【事例】

　A課は、防災や危機管理を所管しており、管理係・防災係・危機管理係の３つの係がある。防災係の女性職員が２月に出産し、引き続き育休を取得している。あなたは４月に課長に着任した直後、防災係長から「係が実質的に人員減となり、とても防災係の業務は回らない。前任の課長にも話したが、何も対応してくれなかった。これでは、とても１年は乗り切れないので、何とかしてほしい」と言われた。

◆対応方法を検討するとともに、職員に理解を求める

　現在、どこの職場も職員数に余裕のある状況ではありません。住民の厳しい目があることから、人事課などの定数担当は、厳しく各部署を査定しますので、どこの職場もぎりぎりの職員数というのが実態です。

　そうした状況でも、産休や育休を取得する職員は確実に出てきます。課長としては、安心して休暇を取得できるよう職員を笑顔で送り出す一方、人員減となった職場をどうするのか、頭を悩ますことになります。

　育休取得の職員が出たからといって、すぐに職員が補充されるのは稀です。このため、①課内の応援体制の構築、②内部事務の先送りなどの業務の見直し、③業務委託など執行方法の変更、④会計年度任用職員での対応、など様々な対応方法について考えなければなりません。同時に、職員にも現状を理解してもらうことが必要です。

面接問答例

Q あなたがこの課の課長であれば、どのように対応しますか。

A まず、本当に防災係の業務に支障が出てしまうのかを検証します。前任の課長、他の係長や職員にも確認し、状況を把握する必要があります。

Q 前任の課長は育休職員が出ても対応可能と判断したものの、防災係長など他の職員は困難と考えている場合は、どうしますか。

A 本当に人員増が必要なのかは、課長として私が判断する必要があります。しかし、仮に人員増が必要と判断しても、すぐに人事課は対応できません。このため、まずは課内での応援体制の構築や、防災係の業務スケジュールの見直しなど、現在の課内で対応できることについて検討します。

Q 人員増は必要ないと判断した場合、防災係長が職員団体に相談し、職員団体からも人員増を要求されることが考えられますが、どのように対応しますか。

A 当面は、課内の応援体制の構築や業務のスケジュールの見直しなどで対応していくことを説明します。

Q 人員減の状態が続けば、職員のストレスも増え、悪影響がさらに出てくるので人員増が必要だと訴えてきた時は、どうしますか。

A 現在、住民の視線は厳しく、どの自治体も職員数を増やすことが難しいのは、職員団体も理解していると思います。このため、課内の応援体制などでも厳しい場合は、会計年度任用職員の導入も検討したい旨を伝えます。

Q この事例で、課長として他に行うべきことはありますか。

A 1つは、職員にも理解してもらうことです。職員が理解してくれないと、チームワークが乱れて業務に支障が出てしまいます。もう1つは、業務の必要性や執行方法など、業務そのものを見直すことです。人員減という厳しい状況ですが、業務を見直す良い機会であると前向きに捉えて、対応していきたいと思います。

4 議員から無理な要求をされたら、どう対応しますか

まだ議員との接触が少ない受験者にとっては、議員への対応について回答するのは難しいところです。現実的な対応が求められます。

【事例】

　A課は市内の道路の管理業務を行っているが、その中の1つに私道整備助成事業がある。これは、私道でも公共性等が認められる場合に、所有者である市民に補助を行うものである。本事業について、これまでは20年ごとに適用していたが、財政状況等の関係から今年度から25年ごとに適用されることとなった。4月のある日、B議員に呼び出され「地元の町会長の私道が20年目であったのに、対象でなくなってしまった。町会長も期待していたので、これでは困る。何とかしてくれ」と言われた。

◆建前だけでも、本音だけでもダメ

　議員からの無理な要求は、管理職であれば一度や二度は、誰しも経験しているはずです。地元であれば、特に自分の支持者が関係することについては、強く要求してくることもあります。この他にも、業者の紹介、質問に対する答弁の内容、イベントの記念品など、様々です。

　こうした対応について、面接で質問されることも多いのですが、受験者はまだ議員との接触が少なく、どのように答えたらよいか、その距離感がつかみにくいのが実態です。事例でいえば、「それは無理ですので、すぐにお断りします」では角が立ちますし、「議員からの要求なので、受け入れます」でも困るわけです。

　あくまで面接の回答ですので、あるべき論を前面に出しつつ、どこまで現実的な対応ができるのかを、面接官は注目しています。

Q あなたがこの課の課長であれば、どのように対応しますか。

A 事例では、既に25年ごとに適用する新制度が始まっています。このため、いくら議員から要求があっても、特別の対応をすることは困難ですので、その旨を説明します。

Q 実際に、どのように説明するのですか。

A 今年度から対象期間を変更していますので、既に条例や予算の審議、また所管委員会で報告を行っていると思います。これらの資料を用いながら、対象期間を変更した理由などについて説明します。

Q 議員も過去の経緯などを理解した上で、事例のような要求があった場合は、どうしますか。

A 議員だからといって特別扱いをすれば、他の住民から苦情がくる可能性もあります。特に、町会長にもかかわらず対象外の20年で補助を適用すれば、周囲にもわかってしまいます。こうした点を説明して、実施しないことを理解してもらいます。

Q 例えば、議員から「まだ4月なので、昨年度の予算や制度を適用して実施すればよいではないか」など、無理強いがあった場合は、どのように対応しますか。

A 既に4月になっているので、昨年度の制度は適用できないこと、また他の住民との関係からいっても難しいことを説明します。

Q それでも議員が納得しない場合は、どうしますか。

A 部長に相談したいと思います。自分の説明ではご理解いただけない場合、部長にも同席してもらうなどの対応も必要かもしれません。

Q このように議員から無理な要求があった場合、課長として注意すべき点は、どのようなことだと思いますか。

A やはり毅然とした態度で臨むことだと思います。議員は住民の代表であり、敬うことは大事です。しかし、このような無理な要求を受け入れるのは、住民全体を考えた場合、やはり不公平になってしまいますので、理解してもらうように努めます。

LGBTの職員に
どのように対応しますか

日頃の人権意識が問われる問題です。ＬＧＢＴなど個別の人権課題への認識とともに、部下への指導方法なども問われてきます。

【事例】

　Ａ課長は期首面談を実施したところ、Ｂ係の女性であるＣ主任から「これまで黙っていたのですが、実は私はレズなんです。現在、女性のパートナーと一緒に暮らしています。しかし、先日の歓送迎会で、Ｂ係長は『Ｃは、なんで結婚しないんだ。もしかしたら、レズか？』と言われ、大変傷つきました。レズであることは課長だけにお伝えしますので、対応をお願いします」と言われた。

◆人権意識、部下への指導、職場の環境づくりが問われる

　管理職には、人権に対する深い認識が求められます。ただ、一言で人権といっても、同和問題、障害者、外国人、アイヌなど、いろいろ課題があります。事例のＬＧＢＴは、最近特に注目されており、面接の問題として出題されてもおかしくありません。

　「差別はいけないこと」は誰しも頭ではわかっているのですが、事例の係長のように、飲み会の席などの気が緩んだ時に、うかつな発言をしてしまうケースは少なくありません。本人にとっては軽口のつもりでも、言われた本人にとっては重大な問題ですから、後で職員の処分などの大きな事件になってしまうのです。

　課長として人権意識を持つことは当然ですが、部下に対してどのように指導するのか、また誰もが働きやすい職場環境をいかに構築するのかが問われます。

面接問答例

Q─ あなたがこの課の課長であれば、どのように対応しますか。

A─ B係長の発言は、明らかにセクシャルハラスメントに該当します。このため、B係長を呼び出して、そのような発言をしたのか確認します。事実であれば、他の人を不快にさせる性的な言動はセクハラに該当し、たとえ勤務時間外の発言であっても、処分の対象になることを説明し、二度と行わないよう注意します。

Q─ 一度注意したくらいで、直るでしょうか。

A─ B係長の発言は、人権意識が欠如していることを示しています。これを機会に、職員全体の意識を高める取組みを行うことが有効だと思います。

Q─ 具体的に、どのようなことを行うのですか。

A─ 役所の窓口には障害者や外国人など、様々な住民が訪れます。このため、職員の発言や対応を改めて見直す意味も含め、係長会で資料を配付し、職員全体に周知するように徹底します。また、毎年度実施する人権研修に職員を参加させ、その後に研修報告をしてもらい、皆で議論することも効果的だと思います。

Q─ C主任からLGBTの告白がありましたが、課長として、どのような点に注意しますか。

A─ C主任から、他の人にはカミングアウトしないとの話がありましたので、口外しないことは当然です。また、C主任が差別や働きづらさを感じることがないよう、職場環境を整備することも重要だと思います。

Q─ 具体的に、何を行うのですか。

A─ やはり職員の啓発が重要です。先に挙げた人権意識を高める取組みとともに、他の自治体で実施している、同性パートナーを認めて証明書を発行するなどの動向を伝え、自治体職員としての認識を高めてもらいます。このような取組みを行うことで、差別的な発言や行動がない、働きやすい職場を構築していきます。

6 職員同士のトラブルに どのように対応しますか

管理職である課長自身が、職員間のトラブルを解決しなければならないことがあります。その時は、腰を据えて対応することが必要です。

【事例】

　A課は国民健康保険を所管しており、B係では加入・脱退の事務を扱っている。市民からの相談などは、主に会計年度任用職員が担当し、その他の内部事務は、それ以外の正規職員が担当している。ある日、A課長のところへ会計年度任用職員のCが来て、「B係の職員は、面倒なことはすべて我々のような会計年度任用職員に押し付けてくる。自分たちは暇そうなのに、全然手伝ってくれないし、相談にも乗ってくれない。B係長にも直接訴えたが、取り合ってもくれない」と不満を述べた。

◆両者の話をじっくり聞き、トラブルを取り除く

　課長がトラブルの仲裁に入ることは、実際にあります。事例のような会計年度任用職員とそれ以外の職員の他にも、係長と係員など様々です。

　円滑に業務を遂行するためには、こうしたトラブルを速やかに取り除く必要があるのですが、両者が感情的になっていると、解決するのに時間もかかります。課長としては、両者の話をよく聞き、実際にどのようにすべきかを判断しなければなりません。

　場合によっては、一方が明らかに間違っていることもあります。その時でも、単に「あなたが間違っているから、改めなさい」では済みません。相手が理解できるように、かみ砕いて説明する我慢強さも求められます。一方の肩だけをもって、他方を一緒に攻撃してしまうと、攻撃されたほうの立場がなくなってしまうので、注意が必要です。

Q あなたがこの課の課長であれば、どのように対応しますか。

A Cの話を1対1で聞きたいと思います。B係の職員は全然手伝って
くれない、相談にも乗ってくれない、B係長は取り合ってくれない
とありますので、実際にどのようなことがあったのか、事実を確認
します。次に、B係長を呼び、話を聞きます。Cの訴えをもとに、
係長として、どのように判断したのかを聞いてみます。

Q B係長から「市民からの相談は、あくまで会計年度任用職員の担当
事務なので任せている。相談に乗らないわけではないが、簡単なこ
とは自分たちで調べてほしい」と言ったら、どうしますか。

A この場合、両者の役割分担に対する認識のずれが生じていると思い
ます。両者が相手方に期待するものと実態が合っていないので、互
いの認識をすり合わせることが必要です。このため、課長として両
者の間に入り、話し合いを行います。

Q 先のような両者の認識の違いから、会計年度任用職員とB係長との
対立が、長い間続いているとします。その場合は、感情的なもつれ
もあって、なかなか話し合いも難しいと思うのですが。

A 現在、会計年度任用職員とそれ以外の職員との間に溝ができている
のは事実です。しかし、このままでは事務が停滞し、住民サービス
が低下してしまい、職員も係長も職責を果たしているとはいえませ
ん。この点を、理解してもらうことが必要だと思います。

Q 理解してもらえるでしょうか。

A 感情的な部分があったとしても、業務は業務として遂行しなければ
なりません。その点は、お互いに理解してもらう必要があります。

Q このように職員同士が対立してしまうことは、実際にあると思うの
ですが、課長として注意すべき点は何でしょうか。

A 職員に自分の役割を十分認識させ、また、職場内で円滑なコミュニ
ケーションが図れるよう、課長として注意することが大事だと思い
ます。

7 メンタルに問題を抱える職員にどう対応しますか

職員を医療機関につなげて、医師の判断を仰ぐことが第一です。また、課長としては、業務が停滞しないよう注意する必要があります。

【事例】

　A課は高齢者福祉を担当している。今年4月、B主事は出張所からA課庶務係に異動してきた。異動当初は精力的に仕事を行っていたが、5月中旬から、だんだんと口数が減り、業務も滞るようになった。ある日、Bが課長のところへ来て、「仕事で成果を出すことができず、悩んでいます」との話があった。その後、庶務係長は「Bは出張所では問題なかったようですが、今は全く仕事ができていません」と課長にこぼした。

◆職員のサポートとともに、人事課などとも連携していく

　現在、メンタルに問題を抱える職員は多くいます。この場合、課長としては①医療機関につなげる、②人事課との連携、③職場への対応、が必要になってきます。

　職員が問題を抱えつつも、一定の配慮を行えば勤務を継続することができるなら、職員をサポートしつつ、現体制を維持していくことになります。もちろん、当該職員が残業できないなどの制約があれば、周囲が代わりに行うなどの対応が必要になってきます。

　職員が勤務できず、業務上支障が出てくるのであれば、人事課に人員の補強（異動や会計年度任用職員の採用など）を依頼したり、課内異動を検討したりする必要も出てきます。

　本人へのサポートが重要なのは言うまでもありませんが、課長としては広い視点で考えて、人事課や係長と連携していく必要があります。

Q あなたがこの課の課長であれば、どのように対応しますか。

A Bの話を詳しく聞きます。体調はどうか、業務をどの程度遂行できているのか、業務のどの部分が難しいのか、どのような点で悩んでいるかなどを聞きます。また、現在、通院しているかも確認します。さらに、庶務係長にもBの状況について話を聞く必要もあります。

Q Bが「出張所では成果を出せたが、A課の業務は難しく実績を挙げられない。そのため、悩んでしまい眠れないこともある。しかし、病院には行っていない」と言ってきたら、どうしますか。

A 本人に心療内科などの病院、もしくは庁内の産業医に行くことを勧めます。一人で悩んでも解決することは難しいので、まずは専門の医師に判断してもらうように話します。

Q Bは今の仕事は難しいと言っていますが、異動させないのですか。

A まだ、異動を考えるのは早いと思います。本人の意向もありますが、庶務係長や医師の意見なども踏まえた上で、検討すべきことだと思います。

Q 庶務係長から「出張所では成果を出せていたので、A課でも大丈夫だと思っているようだが、能力的に難しいのではないか」との話があったら、どうしますか。

A なぜ、能力的に難しいと判断したのか、具体的な例を教えてもらいます。また、係長として、今後のBへの対応についても意見を聞いてみたいと思います。

Q Bへの対応とは、具体的にどのようなことですか。

A 現在の係でやっていけるか、異動させたほうがよいか、しばらく休ませたほうがよいか、などです。

Q この他に、課長として対応すべきことはありますか。

A 人事課にも、Bの状況を説明します。その際、出張所時代には問題はなかったのか、何かこれまでにメンタルなどの問題はなかったのかも確認したいと思います。

受験者の認識を問うテーマとして、今後出題される可能性が高い内容です。
導入の課題について、整理しておいたほうがよいでしょう。

【事例】

　A市では、新型感染症の拡大に伴い、職員の安全管理などを考慮し、庁内の一部で在宅勤務を実施した。その後、感染は収束したが、これを機会に在宅勤務の本格的な導入について検討するよう、市長から指示があった。在宅勤務を実施しなかったB課では、市民からの申請により補助金を支給する業務を行っているが、必要書類なども多く、対面での申請手続きしか行っていない。係長たちからも、「B課では、とても在宅勤務は導入できないし、導入の必要もない」と反対されてしまった。

◆導入には、ハード・ソフト両面にわたる課題がある

　新型コロナウイルス感染症の拡大に伴い、多くの自治体で急きょ在宅勤務が実施されました。十分に検討する時間もなく、必要に迫られて慌てて実施したために、実際には家にいるだけという自治体もあったようです。

　当然のことながら、在宅勤務の名のもと、ただ職員が自宅にいるだけでは、住民は不信の目を向けてしまいます。一方で、きちんと在宅勤務を制度化しようとすると、ハード面（パソコンの整備や回線の確保など）、及びソフト面（業務体制や服務規定など）の整備が求められます。そして何よりも、住民の理解がなければ実現することはできません。

　このように課題の多い在宅勤務ですが、どの自治体も問題意識を持っているので、受験者は答えられるように準備しておくことが必要です。

Q あなたがこの課の課長であれば、どのように対応しますか。

A まず、在宅勤務の意義について、係長たちに認識してもらう必要が
あります。仮に、在宅勤務を実施せず、感染症に全職員が罹患して
しまうと住民サービスが提供できなくなります。このように、非常
時の業務継続のためにも必要ですし、市長からも検討が求められて
いるので、課として検討が必要であることを説明します。

Q B課のような住民と対面する職場では、住民から見れば、在宅勤務
導入はメリットがなく、職員減でサービス低下となり、かえってデ
メリットではありませんか。

A 確かに、現在の対面だけの手続きのままでは難しいと思います。し
かし、在宅勤務導入に合わせ、住民からの郵送や電子申請が実施で
きれば、住民もわざわざ来庁する必要がなくなり、メリットになる
と思います。

Q しかし、それを実現するにはパソコンの整備や個人情報保護など、
ハード・ソフト両面で課題が多いのではありませんか。

A 確かに、課題はあります。特にハード面のハードルは高いかもしれ
ませんが、現在も個人情報の持ち出しに関する規定は整備されてお
り、こうした点を解決していけば、事例の職場であれば、郵送申請
などは早期に対応できると思います。

Q 課長として、在宅勤務制度導入の意義について、どのように考えま
すか。

A 住民サービスの低下にならないなど、住民の理解が前提ですが、導
入の意義は大きいと思います。先のように、在宅勤務導入に伴い、
業務の見直しを行うことができれば、住民の利便性も高まります。
また、在宅勤務が広く浸透すれば、職員の交通費、職場の光熱水費
などを減らすことができ、役所のコスト削減につながります。さら
に、職員の働き方改革にも寄与しますので、導入の意義は大きいと思
います。しかし、課題は多いので十分な検討が必要だと思います。

9 課長の指示を無視する 係長にどう対応しますか

組織のルールを守らずに自分勝手に行動してしまう職員には、きちんと指導するとともに、起きてしまった事態への迅速な対応が必要です。

【事例】

　A課は地域振興を行う課で、庶務を行う管理係、市民祭りなどを所管する事業係の2つで構成されている。事業係長は、この係長となって5年目で、町会や自治会からの信頼も厚い。しかし、ときどき課長を無視して事業を進めることがあり、先日もX町会の祭りの内容について町会長と相談し、勝手に内容を決定してしまった。部長から、今年の各町会の祭りでは、防災関連のイベントをやるように言われていたが、それも含まれていない。そのことを指摘すると、係長は「もう町会長と調整したので、内容は変更できません」と言う。

◆行き過ぎた行動をした職員にはきちんと指導する

　事例のように、組織のルールをわきまえずに行動してしまう職員は案外いるものです。しかし、職員を管理するのも課長の役目ですから、そうした行動があった場合には、きちんと指導し、改善することが必要です。ただ、当然、職員にもプライドがありますから、頭ごなしに怒鳴ったり、大声で叱責したりしては単に反感を買うだけで終わってしまう可能性もあり、注意が必要です。やはり、1対1でじっくり話すことが大事です。

　また、その行動が住民や他の組織に影響がある場合には、その対応も必要です。事態を放置していては悪化するだけですので、課長としてできるかぎりの手を打つ必要があります。

Q あなたがこの課の課長であれば、どのように対応しますか。

A 事業係長に対し、厳しく指導します。いくら町会や自治会からの信頼があったとしても、部長からの指示を無視して祭りの内容を決定するのは問題です。たとえ最終的に係長と町会長が調整するとしても、きちんと役所が組織として意思決定した内容に基づいて調整することが前提です。仕事は個人で行うものでなく、組織として行うものだという意識に欠けていますので、そうした部分にはきちんと指導することが重要だと思います。

Q そうすると、係長は決められたことだけを、町会長と調整するということですか。

A 実際に係長と町会長が調整する事項は多岐にわたるため、逐一すべてを組織として事前に意思決定するわけではありません。しかし、部長の明確な指示に関わるような事項は、その内容をふまえて調整する必要があります。もし軽微な内容であれば、係長と町会長だけで調整することもあると思います。

Q この係長に対しては、実際にどのように指導するのですか。

A 1対1で話し合う場を設けて指導します。職員の前で叱るということも考えられますが、この事例を読むかぎり、かなり仕事に対してプライドを持っていると思います。このため、職員の前で指導するのは、本人にとって効果的ではないと考えます。

Q 課長としては、今後この町会長などに対して、実際にどのように対応するのですか。

A まずは、係長を伴って町会長に事情を説明に行きます。係長と調整した事項については、役所としての意向ではなく、係長の一存でしてしまったことをお詫びします。また、防災イベントなどの状況について説明し、理解を求めたいと思います。

Q 町会長は役所に対し不信感を持つと思いますが。

A きちんと謝罪し、信頼回復に努めます。

10 係間の連携不足に どう対応しますか

課内の係間連携がうまくいっていないと、課全体に大きな影響が出て思わぬミスが発生してしまうので、注意が必要です。

【事例】

　A課は防災・危機管理を所管する課で、庶務や消防署などの関係機関との連絡を行う計画係と、地域住民の防災訓練を行う地域係の2つで構成されている。両係長はそれぞれ担当する係の事務については問題ないものの、協力して実施する総合防災訓練事業になると、「それはうちの係の仕事でない」と事務の押し付け合いばかりしている。確かに、そうした事務は、はっきりと明確に区分できないものが多い。しかし、どちらの係長も連携しようという意思がなく、お互いの係員も困惑している。

◆係長同士のコミュニケーションを活発化する

　係間の連携不足は、課の事業運営にも影響を与えます。例えば、「隣の係は暇そうなのに、うちの係ばかり忙しい」と係長が不満を言っているような職場では、課内がうまくいっていないのは明らかです。課長としては、係間の連携がうまくいくように配慮する必要があります。

　まずは、必要な情報を各係長にきちんと提供することです。実際には、係長会を開催することが多いかと思います。また、その中では単に課長だけが情報提供するのでなく、各係長から係の状況について報告してもらったり、意見を述べてもらったりして、コミュニケーションを活発にすることも大事です。「隣の係も、大変なんだ」と思えば、事務の押し付け合いをせず、自然と協力し合う雰囲気が生まれてくるものです。なお、課長が各係に公平に接することが必要なことは言うまでもありません。

面接問答例

Q- あなたがこの課の課長であれば、どのように対応しますか。

A- 2人の係長を呼び、きちんと連携を図るように指導をします。まず事業を押し付けあうには何かしらの原因があると思いますので、その理由を把握します。例えば、職員が現在の事務で手いっぱいで、これ以上新しい事務ができないというのであれば、事務の分担を見直す必要があります。また、もし係長間の感情的な問題であれば、それを解消しなければなりません。いずれにしても、お互いの係員も困惑しているという実態がありますので、課全体の円滑な運営のためには係間の連携が欠かせないことを、両係長に理解させます。

Q- この事例にもあるように、実際の業務では、どちらの係の担当か割り切れない業務は結構あるものです。そうした点については、どのように説明するのですか。

A- 確かに、担当が明確でない業務はあります。しかし、問題はどこの係の業務に位置づけるかというよりも、課として総合防災訓練事業を成し遂げることにあります。このように、各係間で事務の押し付け合いをしていては、遂行できないということを懇切丁寧に説明します。

Q- 係間の連携を図るために、課長としては何が必要だと思いますか。

A- 基本的なことですが、あらゆる係に対して公平に接することです。特定の係に肩入れすることは問題です。また、課内の情報交換を適宜行い、風通しのよい職場環境をつくることが大事だと思います。

Q- そのためには、具体的にどのようなことを、課長として行いますか。

A- 課内の係長会を適宜行い、必要な情報提供を行います。また、その中で各係の状況についても報告してもらい、各係長に他の係の状況について理解してもらいます。係長が自分の係だけでなく、課全体の視点で考えれば自ずと係間の連携もできると考えます。

⑪ 異動を強く希望する職員に どう対応しますか

不本意な異動のために、すぐに異動したいという職員には、きちんと組織のルールを理解させることが必要です。

【事例】
　A課は、住民票や戸籍などを取り扱う窓口職場である。今年4月に異動してきたX主任は、まちづくり課から異動してきたのだが、「自分には定例の業務は向いていない。企画や財政などの政策的な業務を希望していたので、この異動は納得できない。是非異動させてほしい」と、5月に入り直接課長に訴えてきている。Xが所属する係長も、「Xは全くやる気がなく、他の職員にも悪影響を与えているので、異動させてほしい」と言っている。

◆組織のルールを理解させる

　事例のように、本人にとって不本意な異動であるために、異動したい、もしくは退職したいという職員はいるものです。しかし、そのような職員一人ひとりの希望を受け入れていたら、とても組織は運営できません。また、そもそも異動とは希望通りにはならないものですから、職員にはそのことを理解してもらうことが必要です。

　まだ経験の少ない職員の場合、最初の異動先が不本意な場合、落ち込んでしまうケースがありますが、経験を重ねれば、異動先で一喜一憂することにあまり意味のないことを悟るものです。

　ただし、ケースワーカーのように非常に心理的負担のかかる業務では、そのまま心の病になってしまうということもあります。必ず異動させないのではなく、職員の状況についても十分考慮する必要があります。

Q あなたがこの課の課長であれば、どのように対応しますか。

A まずは、X主任とじっくり話す機会を持ちます。そして、X主任がどのように考えているのかを十分に引き出した上で、課長としての考えを伝えたいと思います。そもそも4月に異動してきたばかりで、5月に「異動したい」という判断は拙速です。確かに、定例業務は単調な面もあるかもしれませんが、戸籍などは複雑な業務です。「定例の業務だから向いていない」と判断するのはいかがかと思います。また、役所には多くの業務があり、いろいろな業務を経験することが職員としての成長につながることを伝えます。仮に、企画や財政部門に異動しても、ずっとその職員がそのポストにいるわけではありませんので、職員としての幅を広げるためにも今の職場での経験は重要であることを伝えたいと思います。

Q 自分の思い通りの異動先にならず、モチベーションを下げてしまう職員は多いと思いますが、異動についてどう考えますか。

A 確かに、そうした面もあると思います。しかし、全員が必ず、希望通りの職場に行けるわけではありませんし、むしろ希望通りになる方が少数だと思います。職員もあくまで組織人ですから、組織のルールとしてやはり異動先で頑張ることが大事だと思います。

Q もし、X主任がそれでも異動したいと訴えてきたら、どうしますか。

A 年度途中に異動させるというのは、よほどの理由がないかぎりは困難だと思います。私としては、粘り強く説得した上で、それでも困難な場合は、最低1年は頑張って、次の異動時期に再度話を聞くということにします。

Q この事例では、係長も「X主任はやる気がなく、異動させてほしい」と言っていますが、どう対応しますか。

A 係長の判断も性急だと思います。もしかしたら、すでにX主任と話をしたのかもしれませんが、自分と話したことで多少はX主任の考えも変わるかもしれませんので、そうした点を含めて話していきます。

12 部下から信頼されていない 係長にどう対応しますか

係長と係員の間に溝ができてしまった場合には、それを埋めることが課長には求められます。

【事例】

　A課は、市内の保育園の管理運営を所管する課である。今年４月に、保育園入園の審査を行う係に、Ｙ係長が異動してきた。Ｙ係長は係長に昇任して初めての係長ポストである。本人はやる気もあるのだが、どちらかというとおっとりした性格で、毎日、入園の相談に訪れる保護者に丁寧すぎる対応をしている。このため、他の保護者を待たせてしまうこともある。部下からは「係長は仕事が遅い」と思われ、最近では係長を無視したような行動もしており、Ｙ係長自身も悩んでいる。

◆昇任したての係長は戸惑うことばかり

　昇任したばかりの係長は、まだ係長としての経験が少ないために、戸惑ってしまうことがよくあります。初めての部下指導、係の運営、さらに、最近ではプレイングマネジャーとして、自分の仕事もあるため、一般職員と異なり業務は膨大です。

　しかし、係員から見れば、係長には係長としての役割を果たしてくれることを期待しています。もちろん、昇任したばかりであれば、最初は温かい目で見てくれますが、いつまでもそういうわけにはいきません。

　そのため、場合によっては、事例のように係長と係員の間に溝ができてしまうことがあります。これを埋めるには、課長がお互いの話を聞き出して、お互いの考えを結びつける必要があります。円滑な業務運営を確保しつつ、職員の思いを十分に理解する必要があります。

Q あなたがこの課の課長であれば、どのように対応しますか。

A まずは、Y係長から話を聞きます。係長に昇任したばかりですから、Y自身もまだ慣れないこともあるかと思いますので、現在の状況についてどのように考えているのかを確認したいと思います。また、次にYの係の係員についても話を聞く機会を持ちます。係員が係長に対してどのように考えているのかとともに、係長を無視しているような行動を取っているようですから、事実かどうか確認したいと思います。

Q この事例の場合、どちらに問題があると考えますか。

A 事例を読んだだけでは、一方的にどちらかに非があるとはいえないと思います。係長はまだ仕事に慣れていないために、保護者に丁寧すぎる対応をしてしまっているのかもしれません。ある程度業務に習熟できれば、解消できることもあると思われます。また、係員の視点で考えれば、前任の係長は業務に慣れていたため、Y係長の仕事ぶりには違和感があるのかもしれません。そうした、係長と係員の認識の相違を埋めていくことが必要だと思います。

Q Y係長はかなりおっとりとした性格なので、仕事が忙しい係員との間で溝ができているようですが。

A 確かに性格も要因の1つかもしれません。しかし、Yも係長ですから、自治体職員としての経験や実力を持っているはずです。昇任したばかりで、まだ戸惑うことも多く、自分らしさを発揮できていないということもありますので、ある程度時間をかけて見守ることも必要です。ただ、もちろん業務に支障があるようでは困りますので、見直すべき点については理解してもらいます。

Q 係員の係長を無視するような行動にはどう対処しますか

A それが本当ならば、指導する必要があると思います。仕事にまだ慣れていない部分があったとしても、係長は係長ですから、役割を無視して仕事を進めることには問題があると注意します。

13 職場になじめない新人にどう対応しますか

新人が入庁早々に退職したいと申し出た場合には、早急に事情を聞き、対応することが必要です。

【事例】
　４月に入庁したＸは、Ａ課Ｂ係に配属され、市内小中学校の就学に関する事務を行っている。４月は明るく勤務していたが、５月に入り態度が変わってきた。口数も減り、一人で考え込むことが多くなってきた。ある日、Ｘは課長のところへやってきて、「この職場では、先輩が丁寧に仕事を教えてくれず、放っておかれることが度々ある。仕事にもやりがいが感じられず、毎日苦痛なので退職したい」と申し出てきた。

◆両者の認識のズレを修正する

　せっかく入庁した新人が、早々に退職を申し出る、というケースが案外少なくないようです。これは、その職員にとっても、役所にとっても大きな損失です。そもそも職員が誤ったイメージを持って自治体職員になってしまった場合もありますが、新人職員が「やりがいが感じられない」「先輩がきちんと教えくれない」と不満をためて、退職してしまうこともあるようです。このため、各自治体では新人への指導について、かなり気を遣っています。

　事例の場合、新人と係の運営のどちらに問題があるのかは不明ですが、課長としては問題を究明し、対応することが求められます。お互いの認識にズレがあるのであれば、それを直すことが必要です。仮に新人の経験不足ゆえのワガママであれば、組織人のルールを教えることも大切です。まずは、両者の話を聞くことが第一です。

Q ― あなたがこの課の課長であれば、どのように対応しますか。

A ― まず、Xに話を聞く機会を設けます。Xは、先輩が仕事を丁寧に教えてくれず、また仕事自体にもやりがいを感じられないと言っていますので、その2点について、具体的にどのように考えているのかを確認します。次に、Xの係長から事情を聞きます。Xは、4月には問題なく勤務していたようですが、5月に入って態度が変化しています。そのときに何かあったのか、また、係長としてXについてどのように考えているのかを聞きたいと思います。

Q ― 新人がいきなり5月に退職したいというのは、余程のことだと思いますが、課長としては引き止めないのですか。

A ― 引き止めるよりも、まずはXの考えを聞くことだと思います。例えば、先輩が丁寧に教えてくれないと言いますが、それは係の指導として問題がある場合もありますし、Xが1か月経過したにもかかわらず仕事を理解していない、ということもあるかもしれません。または、その他にも理由があるかもしれませんので、まずはXと係長の両者の意見を聞くことが大事だと思います。

Q ― Xは「丁寧に教えてもらっていない」と言い、係長は「丁寧に教えている」など、両者の認識が異なる場合には、どうしますか。

A ― 確かに、最近の新人職員には、手取り足取り指導しなければならない職員もおり、両者の認識が違うこともありえます。新人の指導にあたっては、以前よりも丁寧に行う必要があることも否定できません。係長とXとの間で考えが違ってしまっていますので、お互いの立場を理解するように、課長として、私が個別に説明します。

Q ― Xの退職の意思が強い場合には、どうするのですか。

A ― せっかく入庁したのに、たった数か月で退職を判断するのは早すぎますし、Xにとってもプラスになると思わない、と話をします。

14 議員に業者を紹介されたら、どう対応しますか

議員から業者を紹介されることは、課長になると実際によくあることです。
議員だからといって特別扱いするのではなく、必要性で判断します。

【事例】

　A課は危機管理・防災を所管している部署である。ある日、A課長は、X議員から呼び出しを受けた。議員控室に行ってみると、隣には防災用の備蓄食料を扱う業者の社員が座っていた。X議員は、「今度、こちらの業者が保存期間の長い備蓄食料を取り扱うことになった。これは、市民が避難所生活する際にも非常に便利だから、市にとっても有効であると思うが」とそれとなく購入を求めてきた。

◆あくまで必要性で考える

　課長になると、事例のような、議員からの業者の紹介はよくあります。もちろん、あくまで紹介なので購入する義務はありませんから、その必要性については、きちんと判断することが必要です。市民の貴重な税金を使うわけですから、必要と判断すれば購入しますし、必要なければ購入する必要はありません。

　また、議員の立場もさまざまです。業者から「○○先生、市役所のご担当の方を紹介してください」と単に口利きをお願いするだけのこともありますので、必ず役所に購入してもらいたいと思っていないことも実際にはあるものです。課長としては、あくまでもその必要性について判断すれば十分です。問題は必要性が低いにもかかわらず、さらに依頼されるようなケースです。その際には、上司である部長にも相談します。経験豊富な部長がアドバイスをくれると思います。

Q あなたがこの課の課長であれば、どのように対応しますか。

A まずは、その備蓄食料が本当に効果的なものかどうかを判断します。当然、これまでも市として食料を備蓄していますから、既存備蓄食料の保存年限や備蓄量などをふまえて、必要性を判断することになります。その場で即答するのでなく、課に持ち帰り、係長などとも相談した上で判断したいと思います。

Q 例えば、実際にはそれほど必要性がないにもかかわらず、議員からお願いされるということもあるかと思いますが。

A 必要性が低い場合には、きちんと事情を説明し、お断りします。たとえ議員からの依頼であっても、市民の貴重な税金を使うことについてご理解いただくことが必要だと思います。

Q それでも、依頼された場合には、どのようにしますか。

A その場合には、部長にも事情を話し、相談します。自分はまだ議員対応の経験が少ない部分もありますので、部長にも相談して対応について考えたいと思います。場合によっては、部長にも同席をお願いしたいと思います。

Q 管理職には、このような議員からの業者の紹介がいろいろとあると思いますが、それについてどのように考えますか。

A 当然のことながら、議員の紹介といえども、特別扱いをする必要はないと考えます。役所として必要なものかどうか、きちんと判断した上で、対応することが必要だと思います。また、議員への説明にあたっても、そうした必要性について十分説明した上でご理解いただくことが必要だと思います。さらに、議員の立場から考えれば、「単に役所の担当者を紹介すればよい」ということもあると思います。もちろん、業者に対しても誠実に対応しますが、購入については別な判断となります。

職員のミスを議員に指摘されたら、どう対応しますか

職員のミスで市民が迷惑を受けたと、議員が窓口に来ることがあります。
きちんと謝罪し、再発防止に向けて取り組むことが必要です。

【事例】

　A課は高齢者の福祉サービスに関する事務を行っている。ある日、X議員が高齢者を連れて、課長の元を訪れてきた。議員は、「こちらの方が先日、緊急通報システムの申請に来たが、対象外だと言われたそうだ。本当にそうなのか」とすごい剣幕であった。職員に命じて調べさせたところ、職員の勘違いだったことが判明し、課長は議員に謝罪した。しかし、「高齢者の大変さがわかっていない。このことは次の議会で追及する」と言い始めた。

◆謝罪と再発防止が大事

　この事例における問題の本質は、議員への対応ではなく、あくまで職員のミスによって迷惑を受けた市民がいることです。きちんと謝罪するとともに、再発防止に向けていかに取り組むかがポイントになります。「議会で追及する」と言われても、過去のミスを取り消すことはできないのですから、再発防止策をきちんとまとめて説明するしかありません。

　まずは、今回のミスがなぜ起こってしまったのか、原因を探る必要があります。単なる職員の勘違いだったのか、それともサービスについてそもそも係で理解されていないという組織的な問題なのかによって、対応は異なります。課長としては、係長を呼んで再発防止策について検討していく必要があります。今回のことを契機として、今後二度と同じようなことが起こらないように検討することが必要です。

面接問答例

Q― **あなたがこの課の課長であれば、どのように対応しますか。**

A― まずは、市民の方と議員に対して、誠心誠意お詫びをします。職員が間違った説明をしてしまったこと、そのため二度も来庁しなければならなかったことなど、ご迷惑とお手数をかけてしまったことを謝ります。また、今後同じミスが起きないように、再発防止に向けて取り組むと伝えます。後日、課としての再発防止策を取りまとめ、説明に伺いたいと思います。

Q― **議員は、「次の議会で追及する」と言っていますが、それに対してどのように対応するのでしょうか。**

A― いずれにしてもミスは起きてしまったので、いかに再発防止をするかが重要です。今回のミスが、単なる職員の個人的なミスなのか、もしくは組織的に徹底されていないという構造的な問題かによって、その対処法は異なります。例えば職員一人ひとりの意識を向上させるのであれば、係会などで周知徹底したり、対応の際には複数でチェックしたりすることが求められます。また、今回のシステム申請について係としての認識が低いということであれば、もう一度対象を含めた要件について確認したり、マニュアルを作成したりするなどの方法が考えられます。最も大事なことは再発を防ぐことですので、議会で質問等があった場合でも、そうした再発防止策について説明したいと思います。

Q― **課内の職員への対応はどうするのですか。**

A― まず、係長会を早急に開催し、今回のミスについて報告します。そして、再発防止策について係長たちの意見を聞きながら、取りまとめを行います。今回のことをきっかけに、課内でもう一度事務の内容などをチェックし、二度とこうしたことが起きないように努めます。また、ミスした職員にもきちんと個別に指導します。

16 住民説明会でのクレームに どう対応しますか

住民説明会は、住民の意見をよく聞き、行政と認識を共有する大事な場です。課長としては、事前に十分な準備が必要です。

【事例】

　A課は、市の基本計画策定に関わる事業を担当する課である。来年度から、基本計画を改定することとなり、市内9地区で住民説明会を開催することとなった。説明会開催にあたり、事前に町会長への出席依頼を行ったこともあり、X地区では多くの住民が集まった。会議冒頭、部長が挨拶後に退席・帰庁し、その後、課長が内容の説明を行った。しかし、説明後の質疑応答の時間で、「我々を呼んでおきながら、部長が退席するとは何事だ！」とクレームが出され、他の住民も「そうだ、そうだ！」と同調し始めた。

◆非常に難しい住民説明会の対応

　住民説明会は、行政と住民が意見交換を行う場です。各種行政計画の策定にあたって住民の意見を聞いたり、ごみの出し方の変更を住民に周知したりするなど、さまざまです。目的は、住民に理解してもらうこと、行政と住民が意見交換することによって認識を共有することにありますので、単に「開催すればよい」というものではありません。

　参加者が1、2名では「説明会を開催して、住民の意見を聞きました」とはいえません。適切な周知方法、わかりやすい説明、質疑応答の時間確保などの配慮が必要です。しかし、最近では、住民が一方的に行政に対してクレームを言う場所になってしまうことも事実です。課長としては、そうしたことを防ぐためにも、入念な準備が必要なのです。

Q あなたがこの課の課長であれば、どのように対応しますか。

A まず、きちんと事情を説明します。部長は公務のために帰庁したのであって、決してこの説明会を軽視しているのではないこと、説明は課長である自分が責任を持って行うので、理解してほしいことを伝えます。

Q 住民は自分たちが軽視されたと思ったようですが、部長が途中で帰ってよかったのでしょうか。

A もちろん、時間の都合がつけば最後まで同席してもらうことが理想だと思います。しかし、一般的に役職の上の人ほど忙しく、いろいろな会議などに出席しなくてはなりません。このため、このように挨拶だけで退席するということはよくあることですので、今回の対応が間違いであったとは考えません。ただし、住民の一部には非常にプライドの高い方がいて、このように自分たちを軽視したと考える方も実際にはいると思います。

Q 住民説明会のあり方について、どのように考えますか。

A 住民説明会は、直接、行政と住民が意見交換できる貴重な場所です。単に、行政が一方的に話すだけでなく、住民の考えを聞くことにより、お互いの認識をすり合わせることができます。住民説明会で大事なことは、形式的なものであったり、アリバイづくりのための説明会であっては無意味だということです。お互いが考えていることを直接話し合うことが重要だと思います。

Q 確かに、理想的な住民説明会はそうかもしれませんが、実際には住民から苦情ばかり言われることもあると思うのですが。

A そのような住民説明会も確かにあると思います。特に、一般的に迷惑施設と呼ばれるようなものを建設する場合には、総論賛成・各論反対で、もめることも少なくありません。このため、住民にご理解いただくためには、丁寧な説明がとても重要だと考えます。

17 マスコミの報道にどのように対応しますか

マスコミ対応も課長の重要な役割です。対応を間違えると、思わぬ事態を引き起こしてしまうことがあります。

【事例】

　A課は市内の公園を管理している。先日、ある公園の遊具で小学生が怪我をする事件が発生し、その件についてある新聞社から広報担当課を通じて課長に取材依頼があった。そこで、課長は取材に応じ、これまでの経緯や今後の対応策について説明した。記者は課長の説明に理解を示したが、その後、その新聞社の記事を見ると、そのことには触れず、市が一方的に悪く、市の怠慢が事故の原因だったと結論づける内容であった。この日から、住民から多数の苦情電話が寄せられるようになり、職場が混乱し始めた。

◆広報担当課と連携して対応する

　マスコミ対応も、課長にとっては重要な業務の1つです。単なる数値やデータの公表でなく、今後の事業のあり方や方向性、また行政としての考え方を問われる場合は、基本的に管理職である課長が対応します。

　しかし、マスコミへの対応を間違ってしまうと、誤った報道がされたり、行政側の思いが十分に伝わらずに表面的な報道がなされたりすることがあります。そのため、マスコミ対応にあたっては、庁内の広報担当課とも十分に相談することが必要です。そうした部署では、日頃からマスコミとの関係ができていますので、緊密な連携を図りながら対応することが求められます。

Q あなたがこの課の課長であれば、どのように対応しますか。

A まず、記事の内容に事実と異なる点がないかどうかを確認します。もし事実誤認があったり、報道に間違いがあったりするならば広報担当課を通じて、申し入れる必要があると思います。しかし、報道に間違いがなく、あくまで記者としての意見や認識であれば、それはあくまで報道の自由としての範囲ですので、申し入れをすることは困難だと思います。ただ、いずれにしても広報担当課や部長とも相談した上で、今後の対応について決定します。

Q かなり職場が混乱しているようですが、その対応についてはどうしますか。

A 今回の苦情電話の原因が新聞報道にあったとしても、住民からの電話については丁寧に対応する必要があります。限られた人員の中で、効率的に対応できるよう係長とも体制などについて協議します。

Q 効率的な対応とは、具体的にどのようなことですか。

A 電話の件数が多いということであれば、当面は業務を調整し、電話に出られる職員数を増やしたり、場合によっては他課にも協力を依頼したりするなどして対応したいと思います。

Q この事例のように、マスコミの報道が自治体に大きな影響を与えることがあります。課長として、マスコミ対応の注意点は、何だと思いますか。

A 基本的には、誠意を持って対応することだと思います。情報を隠したり、小出しにしたりすると、マスコミも不信感を持ってしまいますから、きちんと話すことが重要です。また、もちろん特定のマスコミに情報を提供するのでなく、各社に公平に発表することも大切です。

18 他課への応援依頼をどのように行いますか

他の課へ業務の一部をお願いする場合は、理由を説明することはもちろん、依頼内容も明確にしておくことが大切です。

【事例】

　X課は、市内の子どもの医療費やさまざまな手当の支給に関する事務を行っている。今年新たに就任した市長の公約として、低年齢児への新たな給付を行うことが年度途中に決定した。そのため、X課は急遽新たな事務が加わることとなり、職員の負担が増大することとなった。一方、同じ部内のY課は定例的な事務が多く、職員の残業も少ない。このため、X課長がY課長に応援を依頼したが、「そんな余裕はない」とあっさり断られてしまった。

◆事前に十分な準備と説明を

　事例のように、突発的な理由により、他課に業務の応援を依頼する場合は、本来は自分の課の業務であるにもかかわらず、他課へ事務をお願いするのですから、十分な準備と説明が必要です。

　まずは、本当に応援が必要なのかを検証します。自課の体制を見直して、何とかできないかを検証することは大前提です。それでも、やはり応援が必要な場合は、依頼する内容を明確にします。どの程度の事務をいつまでお願いするのかなど、分量や時期を伝える必要があります。また、依頼にあたっては、その理由を明確にしておき、依頼する課長に説明する必要があります。さらに、応援にあたっては、部長に事前に相談することも必要です。あくまで本来は自分の課の業務なのですから、安易に他課へ業務を依頼することは避けなければなりません。

Q あなたがこの課の課長であれば、どのように対応しますか。

A 自分の課の業務が本当に、現行の職員体制では不可能なのかを検証することから始めます。新たな事業については、本来はX課の業務ですから、X課の職員で実施するのが、本来の姿です。ですので、係長たちとも話し合い、新規の事務量と職員体制について意見交換をしたいと思います。他課に応援を依頼しなくても、事務の効率化やアルバイト対応など、自分の課の中で対応できないか、検証します。ただし、そうはいっても年度途中での業務増加ですので、やはり現行の職員体制では不可能ということもあるかと思います。その場合には、他課への応援依頼や職員の増員ということも検討します。

Q 仮に、係長との意見交換の結果、他課に一部事務を依頼すれば対応可能だということになった場合には、どのようにしますか。

A 他課へ依頼する場合は、依頼する内容を明確にしておく必要があります。事例では、Y課では職員は残業が少ないとありますが、Y課の実態はY課の職員でないとわかりませんし、こちらとしてはあくまで業務を依頼する立場ですので、依頼する理由や内容、期間を明確にしておく必要があると思います。

Q 実際に、どのようにY課に依頼するのですか。

A まずは、部長に相談してみたいと思います。部長に対して、X課の現状について説明し、現行の体制では対応が難しいことをご理解いただきます。その上で、X課としては、事務の一部をY課に依頼できないかと考えている旨を説明します。

Q もし、部長が「Y課長が了解するならば、それでいいんじゃないか」と言った場合にはどうしますか。

A Y課長に、もう一度説明します。応援についてはすでに部長にも相談し、理解いただいている旨を話し、何とか事務の一部をお願いできないか、打診します。

19 施設の廃止について住民に どう理解を求めますか

住民サービスの低下につながるような施策を実施する場合には、住民への丁寧な説明が必要です。

【事例】

　A課は地域振興を担当する部署であり、出先施設として6か所の市民文化センターの管理運営を行っている。しかし、行政改革計画の中で市民文化センターは3か所に整理統合されることとなり、廃止される3か所の市民文化センターでは、住民説明会が開催されることとなった。しかし、地域住民の交流の場として活用されてきた経緯もあることから、廃止対象施設の地域住民からは「納得できない」との声が大多数を占め、とても理解してもらえる状況ではない。

◆住民に丁寧な説明を

　施設の廃止、迷惑施設の建設など、地域住民にとってはあまり歓迎すべきものではない施策を実施する場合、行政への風当たりは非常に厳しいものがあります。事例のように、住民説明会で住民からの批判や不満が一気に噴出してしまうことは、実際によく起こります。

　しかし、これに対しては丁寧に住民に説明して、少しずつでも理解者を増やしていくしか方法がありません。施設の廃止ならば、「なぜこの施設を廃止しなければならないか」をいろいろな視点から説明していくしかありません。財政状況、維持管理経費、利用者数の推移など、できるだけ客観的なデータを示すことが必要です。しかし、そうした論理的な説明ができても、住民が納得するかどうかは別問題です。場合によっては、一度だけでなく二度三度と説明会を開催することもあります。

面接問答例

Q あなたがこの課の課長であれば、どのように対応しますか。

A まず、なぜ市民文化センターの廃止が必要なのかを、丁寧に説明します。市の財政状況、市民文化センターの利用者数の推移や維持管理経費、今後の人口推計など、さまざまな観点から廃止する理由について理解を得ることが必要だと思います。市民文化センター廃止の決定にあたっては、費用対効果などの検証もきちんとしているはずですので、そうした点からも説明していきます。

Q こうした施設の廃止は、今後の人口減少時代においては、当然想定される事態です。しかし、住民から言えば、「確かに財政状況が厳しいのはわかるが、自分たちの地域の施設でなく、他の地域の施設でもよいのではないか」という意見も出るかと思いますが。

A もちろん、そうした意見が出ることは想定されます。こうした施設の廃止などは「総論賛成、各論反対」となることが多くあります。迷惑施設の建設と同様に、「必要性はわかるが、なぜこの場所が？」という意見は当然あると思います。そうした理由を論理的に説明することは難しいのですが、やはりできるかぎり丁寧に説明して、ご理解いただくことが必要だと考えます。

Q この事例では、住民の理解を得られていないようですが、あなたが担当課長ならば、今後どうしますか。

A 説明会を1回実施して終わりにするのでなく、何回か開催して、住民の意見を聞く姿勢が必要だと思います。もちろん、全員が納得するということはないかもしれませんが、少しずつでも理解していただく方を増やしていけるように努めます。また、説明会だけでなく、地域の町会長や自治会長、また老人クラブの会長など、関係者の方に直接働きかけることも必要かもしれません。

Q それでも理解が得られない場合は、どうしますか。

A その場合には、当然首脳部の判断を仰ぐことになるかと思います。課長としてできる限りのことを行った上で、上司に相談します。

20 公金横領が疑われる場合、どう対応しますか

職員の不正が疑われる職場においては、まずは事実をしっかり把握します。その上で、今後不正が起こらない職場体制の整備が求められます。

【事例】

　A課は、生活保護を担当する部署である。昨今の生活保護受給者の増加に伴い、職員数も増えるとともに、事務量も増加している。先日、ある議員が受給者を伴い、課長のもとへやってきた。「この方の保護費が以前から減少しているが、保護費の変更通知なども渡されていないそうだ」との指摘があった。急いで確認しようとしたが、担当の職員が不在のため、係長に尋ねると「保護費のことは、担当職員しかわからない」との答えであった。

◆汚職を生まない職場とするために

　汚職が疑われる職場の課長になった場合には、急いでその事実を究明し、対応することが求められます。対応が遅くなればなるほど、状況は悪化してしまいます。まず、一報を部長や人事担当部局に連絡し、連携を図って対応していくことが必要です。

　こうした不正を生んでしまう背景には、個人に問題がある場合、組織に問題がある場合、またその両方の場合もあります。事例のように、簡単に一人で公金を扱えるような職場では、チェック機能が働きませんので、不心得者がいれば簡単に公金を横領できてしまうのです。公金を複数で管理する仕組みをつくれば、そうした不正を防ぐことができます。

　課長としては、組織として汚職を生まない職場づくりをするとともに、職員一人ひとりの意識を高めていく必要があります。

Q あなたがこの課の課長であれば、どのように対応しますか。

A 議員と受給者の方には、こちらで調査の上、回答する旨を伝えて、お帰りいただきます。その後、担当職員を呼び、今回の内容についての説明を求めたいと思います。特に、変更通知が受給者本人に渡されていないことは問題ですので、その点については詳しく話を聞きます。さらに、その後、係長を呼び、係長が保護費について把握していないことは問題であると伝えます。また、係長からも業務の執行体制などについて、事情を聞きたいと思います。

Q 係長が保護費を把握していないことが、なぜ問題なのですか。

A 公金を取り扱っているわけですから、きちんと係として管理することが必要です。この事例では、場合によっては職員が横領している可能性もあります。たとえ生活保護の事務が膨大であっても、一人の職員に公金の管理を任せていては、チェック機能が働きません。複数の職員で管理するなどの体制を構築する必要があります。係長が「私は保護費のことはわからない」と言うのは問題です。

Q 確かにこの事例では、汚職が疑われます。実際に、この職員が公金の横領が判明した場合には、課長としてどのように対応しますか。

A まずは、横領の事実等を早急に確認するとともに、部長や人事担当部局に連絡します。当該職員については、当面は職務から外し、人事担当部局の指示を待ちたいと思います。次に、他にも同様の汚職が行われていないかを、すべての係長に命じて確認させます。もう一度、保護費が適正に支給されているかを、複数でチェックするようにします。さらに、今後については公金を一人で扱うことのないように、チェック体制を構築する必要がありますので、その体制について係長たちと検討します。また、職員一人ひとりの倫理意識を高める必要もあると思います。研修を受講させることはもちろん、職場で勉強会や講演会を開催などを検討していきます。

第 4 章

面接官が見る
10のポイント

　第2章、第3章に掲載した面接問答例の回答には、共通点があります。それは、「面接官の視点」をふまえた回答であるということです。本章では、面接官の立場から、昇任試験面接で必ず押さえておくべき10のポイントについて解説します。

① 筆記試験では
わからない人間性

面接では、知識の有無や文章力を問う筆記試験とは異なり、受験者が職務を遂行できるか、適格性が判断されます。

◆面接は人間性を見る

　そもそも、なぜ昇任試験では面接が行われるのでしょうか。公務員の皆さんであれば、採用試験でも面接を受けてきたので、その理由はおわかりだと思います。

　面接は、筆記試験（択一や論文など）ではわからない「人間性」を確認するために行われます。いくら筆記試験の点数が抜群でも、面接官の質問に全く答えられなかったり、コミュニケーションをうまく取れなかったりする受験者は、昇任試験に合格することはできません。

　なぜなら、面接官の質問にうまく答えられないようでは、部下をまとめて、係長や課長の職務を全うすることができないからです。つまり、面接は、知識の有無や文章力を問う筆記試験とは異なり、受験者の人間性、昇任するポスト（役職）への適格性を判断します。

　また、同じ面接であっても、試験の種類によって、面接官が着目するポイントは異なります。採用試験であれば、「受験者が公務員としてふさわしいかどうか」を見ますが、昇任試験では、「受験者がその昇任するポストを遂行できるかどうか」を判断します。

　そして、主任や係長、管理職など、昇任するポストによって、求められるものは異なります。そこで、昇任試験を受験するにあたっては、昇任する役職（主任や係長、管理職など）には、何が求められているのかを事前に確認し、しっかりと理解しておく必要があります。

◆面接官の立場になって考える

　受験者は、面接に臨むにあたって、どうしても無難な回答を心がけてしまい、「いかに失敗しないか」という視点で考えがちです。

　しかし、それでは効果的な攻略法を立てることは困難です。なぜなら、消極的な姿勢が面接官に伝わってしまうからです。

　面接では、面接官の立場になって考えることが重要です。

　「敵を知り、己を知れば、百戦殆うからず」の言葉どおり、まずは面接試験の意味や面接官が着目するポイントを確認しましょう。その上で、どのような対策を立て、実際の面接に臨んだらよいかを考えることが、効果的な面接試験の勉強法なのです。

　そして、皆さんにぜひ理解しておいてほしいポイントは、「面接官同士で大きく評価が異なることはない」ということです。

　昇任試験の面接官は、多くの場合、管理職が務めます。しかも、ある程度経験を重ねたベテランです。長年の行政経験を持つ、こうしたベテランの管理職は、これまで多くの職員を見ています。また、自分自身も係長や課長を経験し、その職務の困難さや求められる能力も理解しています。

　このため、面接官は共通の認識を持っており、面接にあたっても、大きく評価が分かれるということはないのです。もちろん、全く評価が同じということはありませんが、多少の差はあっても、一人が最高評価をつけ、もう一人は最低評価をつけるような、極端な違いは起きないのです。こうした面接官の特徴も理解した上で、対策を立てることが大切です。

- **Point**
◎自分が受験するポスト（係長、課長）の役割を確認する。
◎面接官の立場で対策を考え、面接官の視点も押さえておく。

昇任ポストを
理解しているか

昇任後のポストの役割をイメージし、具体的なケースで自分がどう振る舞うかを想定しておきます。

◆役割を認識していないと、質問に答えられない

　係長試験と管理職（課長）試験では、求められる能力は異なります。管理職試験を受験しているのに、議会対応できるか不安があったり、政策形成能力が不十分だったりするようでは、課長としての資質が問われてしまいます。反対に、係長試験であれば、これらの能力よりも、部下指導や仕事のマネジメントなどが重要となります。

　面接では、例えば「あなたの係に、周囲とうまくコミュニケーションが図れない係員がいます。係長として、どのように対応しますか」のように、実際のケースを想定した質問があります。受験者がこの質問に対して何か答えると、面接官はさらに突っ込んだ再質問や再々質問を行い、より深く受験者の考えを検証しようとします。

　受験者がそのポストに対して具体的なイメージを抱いてないと、面接官の厳しい質問には答えられず、答えに詰まってしまいます。このため、事前に係長・課長として何をしなければならないか、十分理解し、具体的なイメージを抱いておくことが大事です。

◆係長としての部下指導、リーダーシップ

　それぞれの役職で何が重要か、面接対策の観点から考えてみましょう。

　係長の場合、まずは部下指導です。一般職員と異なり、係長は係をまとめるリーダーですから、係の運営が円滑になるよう、係員一人ひとり

を指導していく必要があります。具体的な場面を想定し、「自分だった
ら、どのように指導するか」を考えなければなりません。

　また、リーダーシップを発揮し、係の旗振り役として、係員を引っ
張っていくことも求められます。よく実際の面接で、「係内で問題が発
生したとき、あなたはどのように解決しますか」といった質問がありま
す。この際、多くの受験者は「係会を開き、係員全員の意見を聞いて方
針を決定します」というような回答をします。確かに、そうすべき場合
もありますが、いつも係員全員の意見を聞いて物事を決めるのでなく、
係長がリーダーシップを発揮する場面も当然あります。

　この他にも、課長の補佐、他の係との調整、住民対応など、係長とし
てすべき役割があります。具体的なケースを想定することが重要です。

◆課長には議会対応が必須

　課長の場合には、人事権がありますので、係長とは役割が異なりま
す。また、最も重要な点は、議会対応です。委員会などで答弁ができる
か、議員からの要求に的確に対応できるか、など具体的な事例につい
て、その対応が問われます。面接官の厳しい質問は、実際の議員からの
追及に通じるものがあります。再質問や再々質問にも動じずに答えなけ
ればなりません。ここで回答に詰まってしまうと、「課長として、議会
対応ができないのではないか」と判断されてしまいます。

　さらに、課長は事業を立案し、実行していくことも重要です。住民へ
の施策であれば、問題点を的確に把握し、その解決方法を自ら提示する
ことが求められます。また、その事業を実現するため、庁内調整や議会
対応も求められます。

┌─ **Point** ─────────────────────────┐
◎再質問、再々質問に答えるため、具体的な対応策をきちんと描く。
◎日頃の上司の姿から、係長・課長としての行動を学んでおく。
└──────────────────────────────┘

3 部下への指導ができるか

初めて正式な職務となる係長はもちろん、課長も必ず問われる資質。面接対策だけでなく、昇任後のためにも必ず考えておきましょう。

◆部下への指導は必須事項

　前項で、係長にとっては、部下指導が重要だと述べました。係長試験の場合、初めて部下への指導が正式な職務となるため、面接官も特に注目する部分ですが、管理職にとっても、部下への指導は重要です。

　第2章、第3章で見てきたように、実際の面接試験では、「職場で○○のような問題が発生した場合、あなたは係長として、どのように部下を指導しますか？」のような具体的な事例を挙げて、質問がなされます。単に一問一答ということではなく、その事例に関する再質問・再々質問がなされ、受験者の考え方をより深く知ろうとします。単純な理想論や教科書的な表面上の回答では、面接官からは評価されません。

　当然のことながら、係長や課長だからといって、強権的な指導を行うわけにはいきません。現在ではそんな考え方の職員はいないと思いますが、「私の方が上席なのだから、部下は私に従うべきだ」という考えは実際の職場では通用しません。もちろん、場合によっては、職員が反対しても、係長や課長として、部下に従ってもらわなければならない場面も当然あります。しかし、最初から、無理やり部下に強制するようなやり方では、反発は必至であり、適切な部下指導とはいえません。

　このように、実際に起こりうる場面において、どのように指導するのかが、問われます。面接対策として、具体的ケースをもとに、「自分だったらどうするか」を考えることは、単に試験対策だけでなく、実際に昇任した後も必ず役立ちます。

◆指導の視点は役職で異なる

　係長と課長とでは、部下指導の視点は異なります。係長であれば、日頃から部下と顔を突き合せ、実務の進め方などに対して指導する場面があります。係の業務が滞りなく進むように、本人の性格なども勘案し、細かな指導をすることになります。

　これに対して、課長はそうした実務が円滑に遂行することよりも、もう少し大きな視点から考えます。昇任や異動などの人事にも関与するため、「将来の管理職候補として育成したい」「現在の職務にあまり適性がないので、住民対応の業務に異動させよう」など、本人のキャリアや将来のことも考えた指導を行います。この他、研修受講、プロジェクトチームへの参加など、全庁的視点からも考えます。

◆問題のある職員への対応は不可欠

　ところで、係長・課長とも、現在では、職場にいる問題のある職員への対応が不可欠となっています。周囲と円滑なコミュニケーションを図ることができず、問題を起こしてしまう職員、大きなストレスを抱えて心に病を抱えている職員など、「問題のある職員」と一言でいっても多岐に渡ります。

　皆さんもご存知のとおり、現在、メンタルヘルスの問題から、休職してしまう職員もいます。しかし、職員定数の削減で、「仕事の量は増えても、職員の数は増えない」のが現状です。こうした厳しい状況の中で、係長・課長として、どのように部下を指導していくのかが問われるのです。

∘ Point ∘

◎「自分だったらどうするか」を考えることは昇任後も必ず役立つ。

◎「仕事は増えても、職員は増えない」中での指導の要点を整理する。

4 住民対応ができるか

住民ニーズが多様化する中、住民対応も昔に比べて難しくなってきています。係長や課長としての対応力が求められます。

◆大事なコミュニケーション能力

　自治体職員にとって、住民対応は必須事項です。都道府県であれ、市区町村であれ、全く地域住民と関わりなく仕事を行う職員はほとんどいません。昇任試験を受験する方であれば、住民と円滑なコミュニケーションを図る能力が重要なことは、すでに理解しているはずです。

　昇任試験では、特に厳しい住民対応を迫られるケースについても準備しておくことが必要です。具体的には、地域エゴを前面に押し出して無理難題を言ってくるクレーマーや、自己中心的なモンスター・ペアレントなど、対応が非常に難しい人たちです。彼らにどのように向き合うかが問われます。

　面接では、具体的な事例を挙げて、実際にどう対応するかを質問されます。係長や課長として、厳しい状況でも、逃げ出さずに対応できるかを見られます。すぐに音を上げて、「上司に相談します！」と言ってしまうようでは、長としての資質を不安視されてしまいます。対応が困難な人たちにどのように説明するのか、理解してもらえない場合はどうするのかなど、いろいろなケースを想定しておくことが大切です。

◆どのように説明するか

　こうした対応が難しい相手に、どのように説明するかも重要なポイントです。「窓口で大声で騒ぐから」「職員が困っているから」といって、部下がまだ十分な対応もしていないのに、係長や課長がすぐに出て行く

のは問題です。部下指導の観点からも、まずは部下に対応させ、その上で解決できない場合は、他の方法を考えることが必要となります。

　例えば、ある係の窓口で大声で苦情を言っている住民がいるとします。まずは、部下がその対応をしますが、収まりません。そのため、今度は係長が対応します。その場合、もし長時間に渡っているならば、会議室で席に座らせ、住民を落ち着かせることも必要かもしれません。

　また、部下が画一的な説明しかしていないようであれば、住民の気持ちに理解を示した上で、住民の主張を実施した場合には、他に不利益を被る人がいることや、役所全体の業務遂行に問題が生じることなど、具体的な説明をします。それでも、理解してもらえない場合には、課長にも支援してもらうということも想定されます。このように対応が困難な場合であっても、地道に取り組み、さまざまな説明方法を駆使して対応することが求められるのです。

◆ストレス耐性も重要

　面接官が見る「住民対応ができるか」という視点には、受験者のストレス耐性も含まれています。

　面接官は受験者本人の回答を聞きながら、係長や課長としての資質を判断します。当然ながら、面接官の厳しい質問に逆上したり、途中で投げ出したりしてしまうような回答は、絶対にしてはいけません。

　また、住民対応で困ったときに、すぐに上司に助けを求めたり、住民の苦情に逆上して、問題を複雑化したりするのは問題です。しかし、じっと耐え忍んだ挙げ句、本人が心の病になってしまっても困ります。

　困難なケースであっても、じっくりと向き合い、心と体のバランスを保ちながら対応する、したたかさが必要なのです。

⌒• Point •⌒
◎対応困難な住民にどのように説明するかが問われている。

◎途中で投げ出さずに、じっくり対応することが大事。

5 議会対応ができるか

議会対応ができないと、管理職としては失格です。バランス感覚を持ち、柔軟に対応することが求められます。

◆課長として議会対応は非常に重要

　管理職である課長にとって、議会対応は非常に重要です。

　議会に対して的確な対応が取れなければ、管理職の職務を全うすることはできません。本会議や委員会など公式の会議はもちろんのこと、日頃の議員への対応、具体的には情報の提供や報告などを、きちんと行うことが必要となります。

　面接試験でも、こうした議会対応ができるかどうかは、重要なポイントです。もちろん、本当の議員対応ではありませんので、あくまで模擬なのですが、実際のケースを想定して、いろいろな質問がなされ、受験者の管理職としての適格性が判断されます。

◆厳しい質問にも的確に答弁できるか

　具体的に求められる能力の１つとして、「答弁力」があります。これは、委員会などの場面で議員の質問に対して、きちんと説明や答弁ができるか、ということです。管理職として、議員の質問に対して的確に答えられないと、行政運営に支障が生じてしまいます。

　「あの課長は、いつも委員会できちんと答えられず、部長が答弁をフォローしている」と言われるようでは、課長としての能力に疑問を持たれてしまいます。議員の質問のポイントを把握し、簡潔明瞭に答弁することが必要です。

　また、議会での質疑応答は、単純な一問一答に収まらず、執拗に追及

されることもあります。ですから、一度答弁したとしても、それに対してさらに深く追及したり、重箱の隅をつつくような質問で行政側を困らせたりする議員もいます。管理職である課長には、こうした厳しい追及などにも、対応することが求められるのです。

　実際の面接では、面接官があたかも議員のように、受験者の回答に対して、再質問・再々質問をして、激しい追及をするようなことがあります。これは、もちろん受験者を責めているわけでなく、そうした場面を想定して、回答できるのかどうかを見ているのです。

　なお、最近ではあまり見られませんが、いわゆる圧迫面接をして、受験者の人間性を見ようとすることもあります。当然のことですが、そのような場合も、怒ったり、逆上したりせずに冷静な態度を心がけましょう。

◆場面に応じた対応力が求められる

　また、議場という公式の場だけの対応ではありません。日常のいろいろな場面に応じた、柔軟性も必要です。議会の会派による序列、議員の地盤、関心のある分野など、さまざまなことに配慮しながら、ときには建前と本音をうまく使い分けることも求められます。また、理想と現実の中で、どう対応すべきか、判断に迷うことも多々あります。

　面接試験では、そこまで込み入った事例ではありませんが、実際に起こるケースを取り上げ、その対応について聞かれることがあります。その際に、建前や理想だけを述べて面接を貫くという姿勢では困ります。「確かに、それが理想だけど、実際にはそこまでは……」というような、微妙な感覚が理解できているかが重要なポイントになるのです。

╭─○ **Point** ○─
　◎きちんと答弁できる力があるかを面接官は見ている。
　◎柔軟な対応ができるかが問われている。

仕事のマネジメントができるか

係長・課長ともそれぞれ係・課の責任者として、組織をマネジメントする立場です。具体的にどのように行うのかは必ず問われます。

◆係長は係の責任者、課長は課の責任者

　当然のことですが、係長は係の責任者であり、課長は課の責任者です。たとえ実際には部下のミスであっても、最終的には係長や課長が責任を取ることはよくあります。係長であろうと、課長であろうと、その組織の最終責任者として、組織をまとめていかなければなりません。同時に、対外的にも、その組織の代表者となるのは、係長であり、課長ということになります。

　組織の責任者であるということは、当然のことながら、仕事・業務をきちんと管理し、マネジメントすることが求められます。組織内であれば、部下に仕事を分担させ、きちんと実績を出すことが必要となります。そのために、部下指導はもちろんのこと、他部署等との調整やスケジュール管理なども重要な業務となります。

◆他部署等との調整、スケジュール

　面接でも、「他部署とどのように調整を行うのか」といったことを問われることがあります。例えば、「あなたは、市民祭りを担当する係長として赴任しました。例年、職員の応援を依頼している同じ課の地域振興担当の係長から、『今年は忙しくて、自分の係から応援職員は出せない』と言われたとしたら、あなたはどのように対応しますか」のような問題です。

　このような場合、市民祭りを成功させることが、係長としての責務で

す。実際には職員の応援がなくては、とても成功させることはできません。それでは、どうするか。もう一度応援を地域振興担当の係長に依頼するのか、それとも他の係に応援を頼むのか。または、業務の一部を民間に委託するのかなど、その方法はいろいろと想定できます。

　もちろん、こうした問題には、唯一の正解というのはありません。どのような回答にも一長一短があり、メリットやデメリットがあります。面接官はその点を十分承知していますから、その上で再質問や再々質問をしてきます。これらにもきちんと答えられることが重要なのです。

　また、仕事のマネジメントでは、スケジュールも重要な要素です。「いつまでに、何をしなければならないか」は常に問われるため、係長や課長として、係・課のスケジュール管理は必須です。1年間を通じた繁忙期と閑散期、議会日程などをふまえて、適切に日程を調整できるかどうかも大切なポイントです。

◆PDCAサイクル

　また、「与えられた業務をいかに遂行するか」だけでなく、「改善する」という視点も重要です。毎年の定例的な事務であっても、常に改善しようとする姿勢が求められます。

　そこで欠かせないものが、PDCAサイクルです。これはPLAN（計画）→DO（実施）→CHECK（評価）→ACTION（改善）の流れを言います。最後のACTIONを次のPDCAサイクルにつなげることにより、らせんを描くように1周ごとにサイクルを向上させることで、継続的な業務改善を図ることができます。面接においても、この視点は忘れないようにしましょう。

Point
◎唯一の正解はなく、自分ならどうするかを考える。
◎PDCAサイクルに留意して回答する。

7 的確に状況を判断できるか

一度に多くの案件を抱えた場合や、事情が込み入ったような場合には、長として的確に判断できるかが問われます。

◆緊急性・重要性から考える

　係長や課長は、係や課の方針を決定する人であり、いかに的確な状況判断ができるかを問われます。

　的確な判断ができないと、部下に余計な仕事をさせたり、問題をより複雑化させたりしてしまいます。自分の置かれた状況を客観的に見極め、適切に判断を下すことが求められるのです。

　例えば、一度に多くの案件を抱えるような場合には、「どの案件から着手するか」という順番が問題となります。こうした場合、「唯一の正解」はほとんどありませんが、自分なりに考えをまとめ、どの案件から、どのように対応するのかを考える必要があります。

　例えば、管理職試験の面接で、「あなたの所管する市道整備事業について、議員から『なぜうちのA地域の整備が遅いのか』というクレームが来ていたとします。また、B地域の町会長からも同様の訴えが来ています。しかし、実際には、C地域から整備することとなっており、部長からも『どうにかならないか』と言われています。あなたはこのような状況で、どのように対応しますか」といった問題が出題されたとします。

　最初に、議員、町会長、部長のいずれに対応し、どのように説明するのか。次にどう対応し、どのように話すのか。納得しない場合はどうするのか、などをいろいろと質問されるわけです。

　ちなみに、このような複数の問題を抱えた場合に着手する優先順位を決定する際には、一般に「緊急性」と「重要性」から考えるとわかりや

すいと言われています。つまり、①緊急性も重要性も高いもの、②緊急性は高いが、重要性は低いもの、③緊急性は低いが重要性は高いもの、④緊急性も重要性も低いもの、の4つに整理すると、どの案件から着手するべきかが見えてきます。面接試験の事例問題でも、このように考えれば、回答しやすいと思います。

◆バランス感覚が問われる

的確に状況を判断するためには、バランス感覚も大切です。

先の事例であれば、議員、町会長、部長のうち、まず誰から先に話すのか、その順番や説明方法を問われると書きました。

例えば、実際のケースでは、先に町会長に説明してしまい、議員がその内容を他の人から聞いたとなると、「俺はその話を聞いていない！」と余計に問題をこじらせることになりますので、注意が必要です。かといって、いつも議員が優先というわけでもありません。状況によって、対応は異なります。このあたりのバランス感覚を持っているかどうかを、面接で確認するわけです。

面接官は、管理職としての資質を確認することが目的ですから、受験者が回答しても、「では、議員からそれでも納得しないと言われたら、どうしますか」「B会長が市長に怒鳴り込むと言っていますが、あなたはどう対応しますか」など、かなり厳しい再質問をしてくることも予想されます。こうした場合であっても、的確に状況を判断し、回答することが必要となります。

◦Point◦
◎複数の事案を処理する際は、緊急性・重要性から優先順位を考える。
◎状況に応じて、柔軟に対応することが重要。

8 ビジョンがあるか

「係長や課長に昇任して、何をしたいのか」などの質問は、自分をアピールするチャンス。身近な経験を活かして面接官に伝えましょう。

◆係長、課長として何をしたいか

　将来の係長・課長としての資質の有無を判断するのが面接の目的ですから、受験者が「与えられた事務だけやっていればよい」という姿勢では困ります。

　係長試験であれば、「係長として、何をしたいと考えますか」「どのような係長になりたいと思いますか」など、今後のビジョンについて質問されることも当然あります。これらの質問は、事前にきちんと準備しておかないと、回答することはできません。

　しかし、今後のビジョンについて考えをまとめることは、決して簡単ではありません。そこで、考えるためのヒントをお伝えしましょう。

　それは、これまで出会ってきた係長や課長を思い出し、よかったと思える点、または反面教師となるような人の行動などを考えることです。抽象的に、「自治体の係長とはどうあるべきか」「望ましい係運営のあり方とは」などと考えてしまうと、なかなか答えは出てきません。

　そこで、身近な経験に照らし合わせ、具体的なエピソードを思い浮かべてみると、いろいろな考えが出てくると思います。

　なお、こうした質問に対しては、理想論のような回答を考えがちなのですが、あまり教科書的な回答では困ります。

　「以前仕えた係長に、とても尊敬できる方がいました……」など、自分自身が経験したエピソードなどを交えて説明した方が、思いのこもった、説得力のある回答になります。

◆係・課の運営をどのように行うのか

このビジョンに関連して、「係・課の運営をどのように行うのか」も質問されます。

組織をまとめるリーダーとして、どのような運営を行っていくのかが問われます。具体的に言えば、「定期的に係会を開催する」「チューター制度を導入する」「事務分担を主担当と副担当に分けて事務の漏れを防ぐ」など、いろいろな方法があります。

実際には、まだ昇任前で、係長や課長ではないため、具体的なイメージを描くことは難しいかもしれません。しかし、それでも、実際にその立場になったつもりで係や課の運営をどうするかを考えておくとわかりやすいと思います。

◆部下へどのように指導を行うのか

「部下へどのように指導を行うのか」も必ず聞かれる質問です。

具体的には、例えば職員の能力開発のために、係長としてどのようなことを行うか、などが問われます。「積極的に外部の研修に参加させる」「庁内のプロジェクトチームに参加させる」「住民説明会で説明させる」など、いろいろな方法が想定されます。この点についても、これまで自分の役に立った経験などを考えるとイメージしやすいでしょう。

係長であれ、課長であれ、職員の能力開発や人材育成は重要な職責です。特に、「仕事は増えるが職員は増えない」状況で、メンタル面に問題を抱える職員が多い中で、どのような部下指導が組織のために有効、有益かを考えておきましょう。

Point

◎昇任後のビジョンを語り、面接官に上手にアピールする。

◎組織運営と部下指導について考えるとわかりやすい。

9 これまでの実績は何か

今後の抱負をどんなに立派に述べても、これまでの実績がなくては面接官は疑問に感じてしまいます。

◆実績がその人の本当の姿を語る

　前項で挙げたビジョンは、「これから」のことに関する質問です。

　一方、反対に「これまで」のことも面接では聞かれます。その中でも、典型的な質問が、「これまで受験者が何をやってきたのか」、つまり、実績についてです。

　面接では、どんなに立派な今後の抱負を述べても、どのように業務に取り組み、どのような実績を上げてきたのか、きちんと説明できないようでは、昇任するポストへの適格性が不十分と判断されます。

　面接官は、「これまで従事した業務で、最も力を入れたことは何ですか」のような質問をして、受験者のこれまでの業績や実績を聞き出そうとします。

　これに対して受験者は、「私はこれまで○○を担当し、△△について事務改善を図ってきました」「これまでの業務の中で、□□について力を入れて取り組んできました」など、具体的な実績について説明します。

　面接官は、いずれもベテランの職員ですから、「受験者の回答が本当に実績と言えるのかどうか」は、すぐ見抜いてしまいます。

　受験者がいくら熱弁をふるっても、「とてもそれは改善と呼べるような内容ではない」と判断されてしまえば、元も子もありません。話す内容については、事前に十分精査することが必要です。同様に、表面的な回答とならないよう、面接官を説得できる内容であることが必要です。

　なお、同じ自治体の職員が面接官である場合は、受験者のことを事前に十分熟知している場合もあります。

以前に職場が同じだった他の課長から、評判を聞いているようなケースもよくあります。「面接でこんな偉そうなことを言っているが、実際には何もしてないじゃないか！」と思われることがないよう、日頃から業務にきちんと取り組んでおくことは言うまでもありません。

◆初対面の面接官にもわかるように説明する

　面接官は、必ずしも同じ自治体の職員が務めるわけではありません。また、行政職（事務職）とも限りません。自治体によっては、専門職の管理職や、民間企業や他自治体の職員が面接官を務める場合もあります。

　これは、同じ自治体の管理職だと、受験者のことを十分知っていて公正な判断ができないおそれがあるため、できるだけ多面的な視点から受験者を判断するため、といった理由のようです。

　受験者が自分の実績などを説明するときは、こうした専門職や民間企業の人にもわかるように説明する必要があります。例えば、土木職の受験者が、事務職の管理職に説明するとします。この場合、実際に自分がしてきたこととはいえ、都市計画道路の道路築造工事について、複雑な専門用語を使って話をしてしまうと、面接官は理解できないかもしれません。

　また、同じ事務職であっても、あまり専門的な内容では伝わらないおそれがあります。役所の人間ではない、例えば家族に話してもわかるような言葉で説明しましょう。

　面接官がどの立場の人であれ、とにかく初対面の相手でも理解できるように、きちんと伝え方を工夫して、わかりやすく伝えることが大切です。

Point
◎実績を語り、自分をアピールする。
◎専門的な内容でも、初対面の面接官に理解できるように話す。

10 信頼できる人間か

面接は、複数の面接官によって実施されるのが通常であり、総合的な評価が重要となります。

◆総合的な評価が重要

　これまで述べてきたとおり、昇任試験の面接では、部下への指導、住民対応、議会対応、仕事のマネジメントなど、あらゆる観点から検証して、受験者が昇任するポストにふさわしいか、適性を判断します。

　合格者数が決められている場合には、当然のことながら、受験者に優劣をつけることとなります。その中で高得点の順に、合格者を決定するという流れになります。

　さまざまな評定項目（積極性、論理力など）に従って採点するわけですが、最も重要な点は、受験者本人のトータルな人間性です。皆さんもイメージできると思うのですが、個別の評定項目よりも、受験者本人の印象や全般的な評価といった部分の方が、採点には大きく影響します。

◆実際の面接例

　多くの場合、面接は複数の面接官によって実施されます。その方法はさまざまですが、仮に、三人の面接官が、一人10分の持ち時間でそれぞれ異なる視点から質問を投げかける形式だとします。

　ある受験者は、最初の面接官Aとの10分間は、受験者の緊張も解けず、ぎこちなかったものの、面接官B、面接官Cとの受け答えをする中で、次第に自分らしさを出すことができるようになり、最終的にはとてもよい形で終わることができました。

　反対に、もう一人の受験者は、最初の面接官Aとの間では問題はな

かったものの、面接官B、Cとの質疑応答では、回答に矛盾点が見つかり、それを指摘されると言葉に詰まってしまいました。

この二人の評価で、好印象なのは前者です。Aとのやりとりだけを見れば、優れているのは後者ですが、総合的な評価としては、前者が高評価となります。

このケースでいえば、面接官の三人は、自分の質問が終わったらすぐに評価し、他の面接官との質疑応答については一切聞いていない、ということはありません。自分が質問する順番ではなくても、他の面接官との質疑応答を注意深く聞いています。

面接官は自分が担当する質問だけでなく、他の面接官との質疑応答も評価し、三人の眼で総合的に評価するのです。

三人が異なる視点から質問・評価することで、受験者の総合的な評価が決まります。

◆昇任ポストを任せられるか

面接官は、最終的には「この受験者に昇任ポストを任せることができるか」という視点で考えます。多少回答がぎこちなかったり、答えに詰まったとしても大きな問題ではありません。最後は、「係長（課長）としてやっていけるか」という、信頼性で考えているのです。このため、本来の自分らしさを出して面接に臨むことが大事なのです。

Point

◎面接では、個別の評定項目よりも総合的な評価が重視される。

◎やりとりをしていない面接官も、受験者の発言に注目している。

第 5 章

合格面接の鉄則 10か条

面接に合格するためには、気をつけるべき鉄則があります。どんなに知識や熱意、経験があったとしても、この鉄則を無視して合格することはできません。自分をきちんとアピールし、昇任試験に合格してください。

① 会話はキャッチボール

面接における受験者と面接官との会話は、キャッチボールのように、内容を深めていくことが大切です。

◆意外に理解できていない面接の基本

　すでに公務員の皆さんですので、面接についてはある程度理解しているかと思います。しかしながら、実際に昇任試験の面接官をしていると、未だに誤解している人や、面接の重要ポイントを理解していない人が多くいることも事実です。

　実際の面接のやりとりをすると、「何でそんな答え方をしてしまうのかな」「普段の自分を全然出せていないな」「重要なポイントをわかってないな」などと思うことが少なくありません。そこで、改めて基本的な事項について整理しておきたいと思います。

◆一度に完璧に答える必要はない

　面接で最も重要なことは、質問・回答のやりとりが、「会話のキャッチボール」になっていることです。面接官の質問に対し、受験者が「そうです」「違います」などの、表面的な一問一答が繰り返されるようでは、会話とはいえません。

　例えば、受験者の回答に対して、面接官が「なぜそう考えるのですか」と再質問をして、受験者もより内容を深めた回答をします。それが繰り返されると、最初の質問がより深化され、受験者の考え方がより鮮明となるのです。こうした質疑を経て、ようやく面接官は受験者がどのように考えているのかを理解できます。

　会話のキャッチボールが成立せず、単に一問一答が繰り返される面接

では、内容が深まっていかず、面接官が受験者を高く評価することはないのです。

　また、面接官の質問に対し、一度に完璧に答える必要はありません。例えば、「あなたが係長を志望する理由を、1分以内で述べてください」というような質問であれば別ですが、「職員のメンタルヘルスについて、どのように考えますか」と質問されたときに、長々と受験者が回答を述べるということはありません。

　文章として2文か3文程度の内容を述べ、その後に面接官からの再質問、再々質問に答えていくのが通常です。面接官は、最初の回答を聞いた後、「では、係長としてどのように係員のメンタルヘルスに取り組みますか」など、より質問を具体化したり、深めたりします。このようにやりとりをして質問を深めていくことが重要なのであって、一度に完璧に答えることは重要ではないのです。

◆面接官にどのような質問をさせるかがポイント

　この「会話のキャッチボール」に関連して、皆さんに理解してほしいことがあります。それは、面接においては、単に面接官の質問を待つのでなく、自分がアピールしたい部分を面接官に伝えることができるよう、面接官に質問させるように仕向けることです。

　つまり、自分の得意分野やアピールポイントを主張できるよう、面接官にそうした質問をさせるわけです。いかに引き込むかが重要です。このため、面接票の書き方なども後述しますが、「会話のキャッチボール」の中で自分をアピールできるようにする、という視点を忘れないようにしてください。

╭─◦ **Point** ◦─
│ ◎最初から完璧に答えるのでなく、会話で内容を深めていく。
│ ◎自分が聞いてもらいたいことを面接官に質問させるようにする。

2 完璧さよりもリズム

面接では、自然な会話となるよう、受験者と面接官との会話のリズムに注意しましょう。

◆暗記したものをそのまま答えるのは不可

　面接官と受験者との会話では、リズムが重要です。

　なぜなら、会話によって内容を深め、受験者の人間性をより深く知ろうとすることが、面接の目的だからです。受験者にとっても、自分が昇任するポストにふさわしいことをアピールするためには、質問と回答のやりとりがリズムよく、自然な流れで繰り返されるのが理想です。

　しかし、長年、面接官として従事していると、必ず毎年暗記した内容をそのまま答える受験者に出会います。「なぜ係長になりたいのですか」などの定番の質問をすると、暗記した答えをそのまま再生するのです。感情なく無味乾燥に答えるため、一字一句暗記してきた内容であることは明らかです。また、ひどい受験者になると、面接官と目を合わせずに、遠くの壁を見ながら答えるのです。

　これでは、まるで暗記を確認するためのテストのようです。しかし、そんなことを面接官は求めていませんし、暗記した内容を答えたからといって、高評価になるわけではありません。「完璧に答えよう」という姿勢は理解できますが、これでは会話として成立していません。

　もちろん、暗記してはいけないということではありません。事前に準備しておくことは大切ですが、面接官の目を見て、きちんと自分の言葉で語らないと、説得力がないのです。暗記した内容をわかりやすく、好印象を与える話し方で伝える工夫をしましょう。

◆沈黙はできるだけ避ける

また、できるだけ沈黙しないことも重要です。真面目な受験者や、緊張し過ぎている場合に多いのですが、「完璧に答えよう」「ミスしないように答えよう」とするあまり、質問してもしばらく沈黙が続いてしまうことがあります。

もちろん、少しの間を置いて（一呼吸入れて）から答えるということは問題ないのですが、不自然な沈黙は会話のキャッチボールを妨げます。

すぐに答えるのが難しいのであれば、面接官に「少し時間をください」と断るか、「その点については十分理解していません」などと正直に答えるなどして、リズムを壊さないように配慮することが大事です。

◆リズムは面接官によって異なる

また、会話のリズムは面接官によって異なります。もう皆さんも十分おわかりのとおり、人の話し方というのは十人十色です。言葉がぽんぽんと出て会話が早い人もいれば、ゆっくりと一言一言を話す人もいます。

できれば、そうした会話のリズムは、面接官のリズムに合わせるようにしましょう。自分の会話のペースを崩されるというのは、あまり良いものではありません。回答内容が重要であることは言うまでもありませんが、相手のペースに合わせて回答した方が、面接官にとっても心地よいのです。

細かい点ですが、受験者はリズムに注意して、面接を受験するようにしてください。

・Point ・

◎暗記した内容をそのまま答えても、面接官の印象に残らない。

◎答えに詰まったら、「少し時間をください」などと一言断る。

3 真面目さよりも明るさ

面接官との距離を縮めるためにも、硬すぎる態度ではなく、明るくハキハキと答えることが大切です。

◆態度が硬すぎても、くだけすぎてもダメ

面接では、受験者の明るさも大きなポイントの１つです。やはり、明るくハキハキと答えることが、面接官にも受験者の人柄が伝わり効果的です。皆さんが面接官の立場で考えれば、おわかりいただけると思うのですが、何を質問しても緊張が解けずに硬い答えだったり、真面目すぎて堅苦しい態度ばかりでは、面接官との関係は打ち解けたものになりません。

例えば、志望動機がいくら立派な内容であっても、表面的な内容で、そこに人間味や熱意が感じられなければ、面接官には受験者の本当の姿がわからず、疑問を抱いてしまいます。面接も試験の１つですから、緊張しているのはわかりますし、受験者としては、真面目さを強調したいこともわかりますが、明るくハキハキと答えることが重要です。

また、反対にいくら面接官がくだけた態度で質問してきても、受験者の言葉遣いが乱れたりするのは問題です。特に、昇任試験では同じ自治体の管理職が面接官をしている場合もありますので、顔見知りということもよくあるケースです。面接官が気軽に声をかけたり、くだけた質問をしたりすることもありますが、それを真に受けて受験者の態度がくだけては問題です。

あくまで面接も試験ですから、きちんと敬語を使うなど一定の節度を持ちながらも、相手の質問に明るく一所懸命に答えることが重要です。最低限のルールは守りながらも、互いの意思の疎通が図られていることが大事です。

もちろん、ただ明るさだけをアピールすればよいというものではありません。また、「どんな困難な仕事でも、寝ないで頑張ります！」のような偏った精神論を主張したり、面接官に変に愛嬌を振りまいたり、面接官におもねるような態度は、かえってマイナスです。

◆面接官との心理的な距離感に注意する

　面接では、自分をどう見せるかも当然大事ですが、面接官との距離が縮まったか、という視点も重要です。一方的に「自分をどう見せるか」だけを考えていては、相手との距離を縮めることはできません。

　会話はキャッチボールであり、質問と回答を繰り返す中で内容を深めていくということを述べましたが、これは同様に、面接官との心理的な距離感を縮めるということにもつながります。面接でなくても、皆さんが初対面の人と出会い、新たに人間関係を構築する中では、いろいろな段階を踏むはずです。最初は表面的な会話であっても、質疑応答を繰り返す中で、相手の考え方や人柄がわかってきます。そして、自分という人間もまたさらけ出していくわけです。こうしてお互いの仲が深まり、信頼関係が生まれていきます（反対に、相手との距離を縮めないためには、丁寧な言葉を押し通し、自分と相手との間にバリアを置けばよいといわれています。これでは、相手との距離は一向に縮まりません）。

　面接も同様です。最初の会話からだんだんと深まるわけです。その意味では、相手の思いをいかに引き出すかが大事なのです。

・Point ・
◎真面目で硬い態度だけでは、面接官に人柄は伝わらない。
◎面接官との距離感が縮まるように会話しよう。

4 服装は基本中の基本

昇任試験の面接を軽視して、服装が乱れている職員がいます。もう一度基本に立ち返り確認しましょう。

◆昇任試験の面接なのに

面接も試験ですから、身だしなみや服装に気を遣うのは当然のことです。面接官への最低限のルールでもあります。

しかしながら、同じ自治体の中での試験であることや、面接官が身近な上司であったりすることから、案外服装をおざなりにしている職員もいるのです。特に、平日の勤務時間内に行われるような場合、業務の合間に飛び出してきて、服装が乱れたままで面接を受けるような職員もいます。

しかし、こうした態度では、面接官はやはり受験者の真剣さを疑ってしまいます。「本当に昇任したい気持ちがあるのか？」と思われてしまっても仕方ありません。やはり、受験者としては「面接していただく」という気持ちで面接に臨み、服装には注意するようにしましょう。

◆清潔さには注意する

なお、どのような服装で面接に臨むかは、ケースバイケースです。事前に人事担当課から、「胸には市章を付けるが、名札は不要」などと細かく指定されている場合もあります。その場合は、その指示に従えば十分です。特に指定のない場合は、かつて受験した人や、一緒に受験する人に確認した方がよいでしょう。

技術職などの場合は、自治体で定めている制服や標準服でも可という場合もあります。もし迷った場合は、人事担当課に直接聞いても問題あ

りません。「そんな服装のことを聞いてくるなんて、なんて職員だ！」とは考えることはまずありません。昇任試験では採用試験とは異なり、服装は常識的な範囲であれば、それほど気にする項目ではないからです。

　ただ、清潔さには注意しましょう。服装に問題がなくても、髪がボサボサだったり、ヨレヨレのシャツだったりでは困ります。面接の時点で清潔さに欠けるようでは、やはり面接官は職員の真剣さに疑問を感じてしまいます。

◆面接直前には、鏡でチェックする

　なお、よく言われることですが、面接本番の直前には、トイレの鏡などで、次の点を注意するようにしてください。

　1点目は、胸ポケットには何も入れないことです。当然のことですが、スマートフォンを入れたり、ペンを胸ポケットにさしたまま面接室に入室する受験者がいます。これも、やはり面接を受験する姿勢としては疑問です。仕事と同様の感覚で来ているのか、実際にこうした受験者がいますので注意してください。

　2点目は、髪の乱れです。せっかくきれいに切っていても、会場に来るまでに乱れてしまい、そのまま面接会場に入ってくる受験者がいます。多分あせりもあると思うのですが、これまた面接官の心証を害してしまいますので、注意してください。

　細かい点ですが、あくまで試験ですので、緊張感を持って臨むようにしてください。

◦Point◦
◎あくまで「面接していただく」という姿勢で服装をチェックする。
◎面接直前には、胸ポケットや髪の乱れなど、全体を確認する。

5 知っている面接官でも マナーは欠かさない

よく知っている職員が面接官であっても、最低限のマナーは欠かさずに自分の考えを述べましょう。

◆昇任面接ならではの落とし穴

　採用試験の面接と異なり、昇任試験の面接では、面接官も受験者もお互いに十分知っている者同士ということがあります。受験者の直属の上司が面接官になるということはないと思うのですが、かつての上司、昔の先輩、以前職場が同じだった、などのケースはよくあることです。

　厳密にいえば、知っている人が面接官を務めることは試験の公正さという観点からは、望ましくありません。しかしながら、管理職の数や面接官と受験者との組み合わせから、やむを得ないのです。

　このような場合、面接官・受験者とも、やりにくいものです。面接官からすれば、もしよく知っている受験者であっても、面接官として公正に採点しなければなりません。よく一緒にお酒を飲むような仲であっても、「あなたは係長の資質として重要な点は、何だと思いますか」のように改まって聞かねばなりません。

　また、それに対する受験者も同様です。昔からよく知っている課長などが面接官のような場合、自分のこれまでの行動や実績、また性格や言動なども十分知っているわけですから、「こんなこと言って、課長は笑っているんじゃないか」などの照れもあるでしょう。面接官の立場から見ると、旧知の受験者の回答を聞いて、「普段はそんなこと考えていないのに……」などと思うことは、実際にあります。

　ただ、どのような状況であっても、面接は面接ですので、面接官は面接官の、受験者は受験者の立場で会話をすることが必要です。しかし、先のようなケースの場合、受験者自身が自分の照れ隠しもあり、ついつ

いくだけた言葉で面接官に伝えてしまうことがあります。これが、昇任試験の面接ならではの落とし穴です。

　もちろん、これは問題です。いくら、よく知っている課長であっても、面接には変わりないのですから、日頃の親交は別として、受験者の役割を演じてもらわなければ困るのです。「係長に必要な資質としては、情熱と信念ですよね、○○課長！」などと、つい軽口を叩いてしまう受験者がいますので、十分注意してください。

◆自分の考えを事前にまとめておく

　しかし反対に、面接だからといって、普段と全く違った姿で乗り切ろうとするのも無理があります。面接だからといって、完全に取り繕ってこれまでの実績や考え方とは全く違うことを、立派に面接官に語っても、それはそれでおかしいものです。

　この理想と現実の間の中で、どのように説明するのか、面接官に訴えるのかが難しいポイントです。やはり事前に自分の考えをまとめておき、どのような職員が面接官であっても、きちんと自分の考えを披露できるように整理しておくことが必要だと思います。

　同じ質問であっても、回答は受験者によって異なります。唯一の正解はなく自分で回答を導くことが重要なのです。第１章で記述した回答例などを参考に、事前に十分検討しましょう。

━●Point ●━
◎知っている職員が面接官であっても、くだけた回答はしない。
◎事前に自分の考えを整理しておく。

6 取り繕った回答は
見抜かれる

「いかに面接を取り繕おうか」ではなく、「いかに面接官に納得・共感してもらえるか」を意識しましょう。

◆面接官をだましとおすのは無理

　昇任試験の面接では、取り繕った回答や見え透いたウソは必ず見抜かれると思ってください。面接官は、管理職としていろいろな職員を部下として見てきたベテランであり、係長試験や管理職試験でも実際に多くの受験者の面接をしてきた職員です。ある程度、人間を見抜く目を持っていて当然です。

　特に面接の場合は、受験者に対して、限られた時間で評価することになります。このため、「どのような質問をすれば、この受験者の本音が引き出せるか」「係長になった後の抱負はたくさん語っているが、これまでの業務経験については、あまり積極的に話したがらないな」など、質問のポイントを押さえているのです。このため、面接官をだましとおすというのは、まず無理と考えたほうがよいでしょう。

　「いかに答えを取り繕うか」を考えるよりも、面接までに自分を分析し、「どのような話題や材料を提供したら、面接官を納得させられるか」を考えることのほうが大事なのです。

◆面接官に共感してもらえるように

　また、もう一歩進めて、受験者の皆さんには、「面接官に共感してもらえることをめざす」ということを是非理解してほしいと思います。これは、実際の面接でミスをしないことを心がけるのでなく、面接官に共感させたり、納得させたりして、得点することを意識してほしい、とい

うことです。

　どうしても、本番の面接では緊張してしまい、面接官の問いに対して、「はい」「いいえ」の一問一答になったり、自分のことを上手に伝えられなかったりする受験者が多くいます。面接後に、受験者は「失敗しなくてよかった」と思うかもしれませんが、これでは合格ラインに到達することは困難です。ノーミスというのはあくまで平均点に過ぎず、決して合格ラインを超えているわけではないからです。

　つまり、「面接で失敗しなくてよかった」ではなく、「面接官に共感してもらった」「面接で話が盛り上がった」「自分のことをきちんと伝えられてよかった」などの感想を受験者が持てるくらいで、ようやく合格ラインといえるのです。

◆特に事例問題には注意

　特に事例問題では、受験者本人が真剣に考え、心から「そうすべきだ」と思わないと、再質問・再々質問で追及された場合に、答えにつまってしまいます。

　例えば、「部下である職員の電話対応が悪いと、住民から苦情が来た場合、あなたは係長としてどのように対応しますか」のような事例問題の場合、一度回答して終わりでなく、当然、何回か質問が繰り返されます。この際、受験者本人が係長としてどのようにするかを真剣に考えず、教科書的な回答ばかりしていると、面接官は「本当にそう考えているのか」と迫ってきます。現場感覚を持たない回答では、ベテランである面接官は納得しませんので、注意してください。

╭─• **Point** •─────────────────────────────
│ ◎いかにミスをなくすかではなく、いかに得点するかを考える。
│ ◎事例問題では、自分がその立場になったことを想定して考える。
╰──

7 面接票は戦略的に書く

面接官が質問するための重要なアイテムである面接票は、戦略的に書いて自分をうまくアピールしましょう。

◆面接官が質問したくなるように書く

　現在、係長試験や管理職試験の面接では、事前に面接票を提出することがほとんどだと思います。面接官は、それを面接が始まる前に一通り読み、その後、実際に受験者とのやりとりをします。面接官にとってその受験者が初対面であれば、面接票は受験者の大事な一次情報ですので、当然注目しています。面接票は、面接にとって非常に重要なアイテムなのです。

　面接官の立場から考えると、初対面の職員の面接を行う場合、もしその職員について何も知らなければ、何を聞いていいかわかりません。面接官としては、昇任させる人物としてふさわしいかを判断するため、何とかしてその職員の内面をつまびらかにしようとしているわけですから、どうしても面接票に頼らざるを得ないのです。

　このことを受験者の視点から考えると、面接官が質問しやすいように、うまく面接票を書くことが重要です。つまり、自分が主張したい部分を思わず面接官が質問したくなるように、戦略的に記述することが重要なわけです。そうすれば、面接で自分をアピールできるわけです。

◆戦略的な面接票の書き方とは

　では、戦略的な面接票の書き方とはどのようなものでしょうか。いくつかポイントを整理しておきましょう。

　第一に、指定されたスペースに適切な分量を書くことです。小さいス

ペースにびっしりと文字で埋め尽くしたり、反対にスペースがあるのに、文字数が少なくスカスカでは見ためとして問題です。もちろん、事前に何を書くかは検討する必要がありますが、分量も重要なポイントです。

　第二に、同じことは繰り返さないことです。例えば、「係長の志望理由」「今後従事したい職務」という異なる2つの項目があった場合に、全く同じことを記入する人がいます。これでは、せっかくの自分をアピールできる場をムダにしているようなものです。また、面接官から見れば、「これ以外に伝えることはないのか？」と受験者の資質に疑問を感じてしまいます。なるべく、自分の魅力を多く伝えるためにも、同じことを繰り返さないよう、注意しましょう。

　第三に、言いたいことすべてを書かず、面接官が質問したくなるように、ポイントだけを記入することです。例えば、「今後あなたが取り組みたい自己啓発の内容」というような質問があります。こうしたとき、スペースの問題もありますが、内容だけでなく、その理由や方法まですべて書いてしまっては、面接官の聞くことがなくなってしまいます。

　内容だけを簡単に書いておき、後は面接官が質問できるようにしておくのです。また、質問したくなるように、例えば単に「読書」ではなく「ビジネス書を中心とした読書」とすれば、面接官に「どんなものを読むのだろう？」と興味を抱かせ、質問を誘導することができます。そこで、質問してきたら、あらかじめ準備しておいた回答を述べ、上手に自分をアピールするのです。こうすれば、うまく自分のペースに持っていくことができます。

⌐•Point•⌐

◎面接官の質問を誘導するように面接票を書く。

◎どのように自分をアピールするか回答を準備しておく。

8 想定問答を作成する

面接では事前に想定問答を作成しておくと、実際の面接をシミュレーションすることができます。

◆面接をシミュレーションする

　前述した「面接票を戦略的に書く」ことができれば、実際の面接でどのようなことが聞かれるかを、事前にある程度予想することができます。「面接官はこうした点を聞いてくるだろうな」という予想がついたら、それに合わせて想定問答を作成しておきましょう。そうすると、面接のシミュレーションができ、精神的にも余裕を持って本番に臨むことができます。

　事前に提出する面接票には、質問項目が複数あります。例えば、①係長を志望する理由、②あなたの性格、③これまで取り組んだ職務内容で特に力を入れたこと、④今後の市政で改善したい点、⑤自己啓発の方法、などがあったとします。

　それぞれの項目について、まず、面接票に何を書くのかが大事です。これは前述したように、面接官の質問を誘導するように、また自分の得意分野に引き込めるようにすることがポイントです。

　次に、予想される質問と回答、それに対する再質問と回答、さらに再々質問と回答と準備します。概ね、再々質問まで準備しておけば、その項目については、答えられないことはないと思います。できれば、面接票に記入すること、質問と回答、再質問と回答、再々質問と回答と一表にしておくと、その項目全体について見渡すことができます。もちろん、最初の回答から再質問を考え、再質問の回答から次の再々質問を考えることは言うまでもありません。これが自然な流れで構成されていることが重要なのです。

◆面接票に基づかない質問もある

　面接票に基づく質問については、この想定問答を準備しておけば十分だと思います。ただ、面接官は必ずしも面接票に関することだけを聞くわけではありません。第1章で取り上げたような、面接票に基づかない、基本的な質問というのもあります。

　例えば、「係長に必要な資質は何だと思いますか」「係長と一般職員の大きな違いは何だと思いますか」のような係長のポストに着目したような質問、「あなたがこれまで一番苦労したポストとその理由を述べてください」「これまでで最も手ごたえを感じた業務は何ですか」といった経験や実績に関する質問、「もしあなたの部下に心の病となった職員がいた場合、係長としてどのように対応しますか」といった事例問題などです。

　このうちポストや実績に関連する質問については、質問そのものを事前にある程度予想することが可能です。このため、面接票にない場合でも、ある程度の準備をした方がよいでしょう。ただし、全部を網羅することは時間的にも困難ですから、ある程度代表的な質問に限定することになろうかと思います。第1章の「悪い例」「良い例」を参考に、自分の回答を考えてみてください。

　なお、面接官によっては、面接票に基づく質問への回答をある程度準備してきたとわかると、あえて面接票に基づかない質問で、受験者の対応を見ようとする場合もありますので、注意してください。

Point
◎面接票に基づき質問、再質問、再々質問を想定し、回答を作成する。
◎面接票に基づかない質問にも注意する。

9 ノーミスではなく、得点を意識する

合格するためには、面接で効果的に自分をアピールして、面接官に「この職員を、ぜひ昇任させたい」と思わせることが大切です。

◆失敗しない＝合格ではない

　採用試験の面接の場合、受験者はある意味では一生がかかっているため、非常に緊張している場合があります。文字通りガチガチになって、何を聞いても「はい」「いいえ」と表面的な回答に終始し、言葉遣いの間違いや、前言を修正したりする場合に、必要以上に恐縮するのです。何回も謝罪を繰り返すことがあります。

　本人は、非常に間違いを恐れるあまり、そうした態度に出てしまうと思うのですが、とにかく「ミスをしないことが合格につながる」と信じているのです。

　しかし、これまでも述べたとおり、たとえミスがなかったとしても、表面的な回答では面接官は受験者の人柄や人間性を把握することはできないため、高得点・高評価にはなりません。つまり、ノーミスをめざした面接対策では合格にはならないのです。

◆面接で得点するためには

　昇任面接で大事なことは、面接官に「この職員ならば係長になってもやっていける」「彼女なら議会対応もでき、課長になっても大丈夫だ」と判断できるような安心感や手応えを感じさせることです。

　このためには、どのように面接において得点を稼ぐか、ということが重要になります。

　では、どのようにすれば得点できる面接になるのでしょうか。いくつ

かのポイントを整理しておきたいと思います。

　第一に、役職について正しい認識を持つことです。係長の役割、課長として何をすべきかを知らなければ、とてもそのポストを務めることはできません。係長や課長の役割を十分に把握することは、最低限の務めです。

　第二に、自分が係長や課長としてどのように振る舞うか明確に伝えることです。部下指導、仕事の管理、上司の補佐、議会対応など具体的な場面で、係長や課長の職務としてどのように対応するか、自分なりの考え方を整理しておきましょう。

　特に、事例問題が出題された場合は、「あなたは係長（課長）として、どうしますか」ということが問われますので、理想論や表面的な回答にならず、現場感覚を伴った回答が必要です。

　第三に、得意分野や特長など、自分のアピールポイントを面接官に理解してもらうことです。自分の得意とすることは何なのか、これまでどのような実績を上げてきたのかなどを、面接官に効果的に伝えることが必要です。民間企業の採用面接であれば、積極的に自分を売り込むため、いろいろな手法でアピールします。昇任面接では、そこまでの売り込みということはありませんが、「自分が係長になったら、○○をします」のような、セールスポイントを伝えることは必要です。

　第四に、やはり最後は熱意だと思います。「係長として、△△をしたい」「私は課長として、ぜひ市政を変えたい」というような熱い思いを面接官に伝えること。これが、やはり最大のポイントです。

◦**Point**◦
◎ノーミスでも表面的な回答では合格しない。
◎面接で効果的に自分をアピールしよう。

⑩ 意地悪な質問、圧迫面接にもめげない

重責となる係長や課長にはメンタル面が重要です。わざと意地悪な質問で、受験者のメンタル面を検証しようとします。

◆メンタル面が問われている

　皆さんもよくご存知と思うのですが、最近、うつなどのメンタルヘルスの問題を理由に休職する職員が多くなっています。また、実際に係長や課長に昇任しても、部下からの突き上げや住民対応ができないことで、降任してしまうケースが少なくないのです。これではせっかく昇任しても職員をつぶしてしまうことになり、個人にとっても組織にとっても大きな損失になります。

　このことから、昇任試験の面接においてもメンタル面は重要なポイントになっています。圧迫面接（わざと意地悪な質問をしたり、受験者を追い詰めたりするような質問をするような面接）をして、受験者の対応を見ようとすることもあるようです。

　面接官は、あくまで受験者が重責を担えるかを判断するために面接しているのですから、決して悪意があるわけではありません。この点を勘違いして、面接官に文句を言ったり、興奮したりするのは、間違いです。

　また、併せてストレスを感じたときに、どのように発散するのか、ストレス解消法についても改めて認識しておくと、自分という人間を面接官にきちんと伝える1つの材料になります。

◆慌てないための３つのポイント

　具体的な質問例としては、次のようなものがあります。

　「現在の待機児童問題について、どのような対応をすべきと考えますか」のような質問に回答すると、「本当に、それが解決方法と言えますか」「待機児童対策について、認識が甘くありませんか」などと追及します。また、「そのような認識で、本当に係長としてやっていけますか」などと追い討ちをかけたりするのです。

　では、こうした質問に対し、どのように対応したらよいかを整理したいと思います。

　第一に、慌てないことです。面接官は、わざと意地悪な質問をして反応を見ているわけですから、それに熱くなってしまっては相手の戦略にはまるだけです。「おっ、圧迫面接を始めたな」と思うくらいの気持ちで対応しましょう。

　第二に、すぐに回答せず、相手の質問を繰り返して一呼吸置きましょう。「待機児童対策について認識が甘くありませんか」と言われたら、「私が今申し上げた○○は、待機児童対策としてはふさわしくない、ということでしょうか？」と、ゆっくりと質問を繰り返して、クールダウンを図りましょう。

　第三に、どうしても答えに詰まった場合は、最後に「勉強不足で申し訳ありません」と白旗を挙げてしまうのも有効です。それ以上、面接官が追い詰めるようなことはありません。ムキになっても、泥沼にはまってしまうだけですから、気持ちを切り替えてあきらめた方が効果的です。

・**Point**・

◎意地悪な質問にも熱くならない。

◎どうしても答えられなかったら、白旗をあげてしまう。

誰でも身につく
昇任試験面接の合格術〈第1次改訂版〉

2014年 9 月24日　初版発行
2020年 9 月16日　第 1 次改訂版発行
2021年 9 月29日　第 1 次改訂版 2 刷発行

著　者　地方公務員昇任試験問題研究会
　　　　 ち ほうこう む いんしょうにん し けんもんだいけんきゅうかい
発行者　佐久間重嘉
発行所　学 陽 書 房

〒102-0072　東京都千代田区飯田橋1-9-3
営業　TEL）03-3261-1111　　FAX）03-5211-3300
編集　TEL）03-3261-1112
http://www.gakuyo.co.jp/

装丁／佐藤 博
DTP制作／みどり工芸社
印刷・製本／三省堂印刷

「良い回答例」と「悪い回答例」を読むことで回答のコツがつかめる!

自治体の係長試験、管理職試験でよく聞かれる質問について、「良い回答例」「悪い回答例」を掲載し、それぞれのどこがマイナスで、どこがプラスなのか、評価ポイントを明確に解説。リアルな回答例で合格のポイントが学べる!

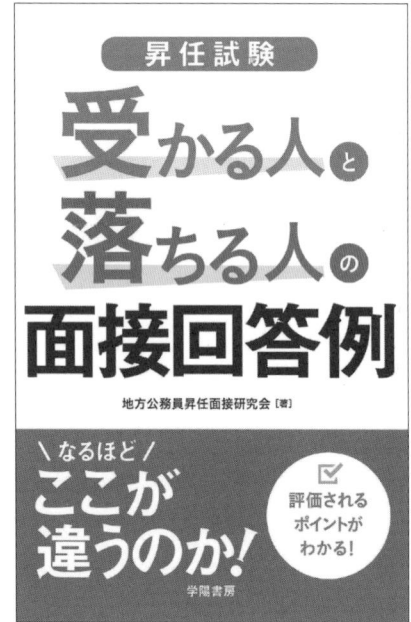

昇任試験
受かる人と落ちる人の面接回答例

地方公務員昇任面接研究会

四六判並製／定価＝本体1,900円＋税